杭州市哲学社会学科重点研究基地

"企业社会责任与可持续发展研究中心"重点项目（2019JD49）研究成果

浙江省一流学科工商管理研究成果

杭州市重点学科国际贸易学研究成果

基于国际竞争力视角的现代流通业与先进制造业协同性研究

JIYU GUOJI JINGZHENGLI SHIJIAO DE
XIANDAI LIUTONGYE YU XIANJIN ZHIZAOYE
XIETONGXING YANJIU

孙金秀◎著

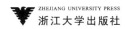

ZHEJIANG UNIVERSITY PRESS
浙江大学出版社

前　言

在经济全球化时代,国家竞争优势主要体现在产业国际竞争力上。现代流通业是经济发展的"推进器",涉及领域多,涵盖范围广,对促进生产、拉动消费、扩大就业具有重要作用,大力发展现代流通产业对制造业结构调整和产业升级、保持经济持续增长有重要作用。而制造业是我国国民经济的支柱产业,也是流通产业发展的社会需求基础。随着经济全球化和改革开放的不断推进,中国已经成为世界的制造中心,先进制造业是提高产业国际竞争力的主动力之一。现代流通业的发展离不开先进制造业的支持,现代流通业是先进制造业的引擎,制造业的升级和国际竞争力的提高需要现代流通业协同配合。因此,深入开展现代流通业与先进制造业协同性相关问题研究,对拓展产业经济理论研究,客观评价我国现代流通业、先进制造业国际竞争力,以及两者协同性发展现状,帮助政府制定科学合理的调控政策,建立适应"创新、协调、绿色、开放、共享"发展理念要求的经济发展模式,优化制造业产业结构,提高流道产业的服务能力,增强现代流通业与先进制造业的国际竞争力,具有重要的理论意义和实践价值。

在理论研究方面,本书明确界定了现代流通业、先进制造业及国际竞争力的内涵,界定了现代流通业、先进制造业两者协同性的内涵,提出了两者协同性的判断标准;揭示了现代流通业与先进制造业的相互影响机理,从动力机制、传导机制、保障机制、评价机制四个方面探讨了现代流通业与先进制造业协同发展的运行机制;从科技创新能力、可持续发展能力、市场开拓能力、产业效率、产业效益几大方面构建了现代流通业与先进制造业国际竞争力评价指标体系;提出了现代流通业与先进制造业协同性的测度方法;建立了现代流通业与先进制造业协同性的预警机制,由此构建一个相对完整的理论框架。

在实证研究方面,对我国现阶段现代流通业与先进制造业国际竞争力及两者协同性进行了综合评价与中外比较分析;对现代流通业与先进制造业协同性影响因素进行了实证分析;从明确警情、寻找警源、分析警兆和预报警度几大环节对我国现代流通业与先进制造业的协同性进行了监测预警;提出了促进现代流通业、先进制造业及两者协同发展的政策建议,为政府制定相应政策与措施提供了重要的参考依据。

全文共分为七章。

第一章是绪论。首先,阐述了研究背景和选题意义,以及国内外现代流通业与先进制造业协同性相关研究评述;其次,介绍了研究内容、研究方法、难点和创新点。

第二章是现代流通业与先进制造业国际竞争力。首先,界定了现代流通业、先进制造业及国际竞争力的内涵;其次,从科技创新能力、可持续发展能力、市场开拓能力、产业效率、产业效益五个方面构建现代流通业与先进制造业国际竞争力的评价指标体系,提出了相应的评价原则和评价方法。

第三章是现代流通业与先进制造业协同性基本理论研究。首先,探讨了现代流通业与先进制造业协同性的内涵与特点;其次,揭示了现代流通业与先进制造业的相互作用机理,从动力机制、传导机制、保障机制、评价机制四个方面探讨了现代流通业与先进制造业协同发展的运行机制。最后,基于因子分析方法,建立了现代流通业与先进制造业国际竞争力评价指数;基于隶属函数协同度模型,提出了现代流通业与先进制造业协同性测度方法。

第四章是我国现代流通业与先进制造业国际竞争力综合评价分析。首先,测算了1990—2014年我国现代流通业、先进制造业及其五个子系统(科技创新能力、可持续发展能力、市场开拓能力、产业效率、产业效益)国际竞争力评价指数;其次,对现代流通业和先进制造业的国际竞争力进行了比较分析,得出了相应的研究结论。

第五章是我国现代流通业与先进制造业协同性测度分析。利用VAR模型、隶属函数协同度模型等测算了现代流通业与先进制造业的科技创新能力、可持续发展能力、市场开拓能力、产业效率、产业效益五个子系统协同性评价指数和协同性综合评价指数。利用灰色关联模型,从物质资本、人力资本、技术资本、经济开放程度、政策因素、市场因素等方面,对我国现代流通业与先进制造业协同性的主要影响因素进行实证检验,得出了相应的研究结论。

第六章是我国现代流通业与先进制造业协同性预警研究。首先,从理论层面阐述了现代流通业与先进制造业协同性预警的含义、内容,分析和比较了常用的经济预警方法;其次,确定了单指标预警警情指标,本书选择现代流通业与先进制造业协同性综合评价指数和分类评价指数作为反映现代流通业与先进制造业协同性的警情指标;最后,利用 ARMA 模型、3σ 方法对我国现代流通业与先进制造业科技创新能力、可持续发展能力、市场开拓能力、产业效率、产业效益五个子系统的协同性和综合协同性进行了监测预警分析,得出了相应的研究结论。

第七章是结论、建议与展望。总结全书,得出了具有启发意义的研究结论,提出了提升我国现代流通业与先进制造业国际竞争力,以及促进两者协同发展的政策建议,并对未来的研究方向进行了展望。

纵观全文,我们得到如下研究结论。

第一,我国现代流通业与先进制造业国际竞争力评价指数呈现上升趋势,总体发展态势良好。研究结果表明,我国现代流通业国际竞争力评价指数从 1990 年的－0.3876 上升到 2014 年的 0.9371,先进制造业国际竞争力评价指数从 1990 年的－0.8148 上升到 2014 年的 1.4648,两者均呈现明显的上升趋势,这说明我国现代流通业与先进制造业国际竞争力总体发展态势良好。从中外比较结果看,我国东部地区现代流通业与先进制造业国际竞争力明显高于中部和西部地区;我国现代流通业与先进制造业国际竞争力低于美国、德国、英国、法国和日本。

第二,我国现代流通业与先进制造业总体上处于比较协同的状态。研究结果表明,1992—2014 年现代流通业与先进制造业静态协同性评价指数均值为 0.8740,动态协同性评价指数均值为 0.8872,均处于比较协同的状态,这说明我国现代流通业与先进制造业形成了较好的相互依存、相互协作、相互促进的协同关系。从子系统协同性评价结果看,1992—2014 年我国现代流通业与先进制造业的科技创新能力、市场开拓能力总体上处于基本协同状态,可持续发展能力、产业效率、产业效益总体上处于非常协同状态。

第三,物质资本、人力资本、技术资本、经济开放程度、政策、市场等因素与现代流通业与先进制造业的协同发展关联密切。研究结果显示,1992—2014 年我国现代流通业与先进制造业静态协同性指数与固定资产投资额增长率、铁路分布密度、高等教育入学率、研发强度、外贸依存度、人均 FDI、人均财政支出、人口结构的灰色关联度都大于 0.6,关联显著。现代流通业与先进制造业静态性协同指数与公路分布密度、教育经费占 GDP 比重、人均 R&D 经费支出的灰色关联度都大于 0.85，关联密切。

第四，我国现代流通业与先进制造业协同性总体上处于无警状态。研究结果表明，我国现代流通业与先进制造业协同性在 1993 年、1998 年、2000 年、2005 年、2012 年处于轻警状态，2008 年处于中警状态，其他年份处于无警状态。从子系统协同性预警结果看，现代流通业与先进制造业的科技创新能力协同性在 2001 年处于中警状态，在 1997 年、2000 年、2008 年、2011 年处于轻警状态；市场开拓能力协同性在 1992 年、2010 年、2012 年、2013 年处于轻警状态，1994 年、1999 年、2000 年、2001 年、2002 年、2005 年、2008 年处于中警状态；产业效率协同性在 1996 年、2001 年、2004 年、2009 年处于轻警状态，1993 年、1994 年、2010 年处于中警状态；可持续发展能力协同性与产业效益协同性均处于无警状态。

本研究与现有相关研究相比，创新之处主要有以下四点。

第一，界定了现代流通业与先进制造业协同性的内涵并提出了相应的判断标准，探讨了现代流通业与先进制造业协同发展的运行机制。已有研究主要集中于传统流通业与传统制造业的关系，很少涉及对现代流通业与先进制造业及两者协同性的内涵，很少涉及协同性的判断标准。本书研究界定了现代流通业、先进制造业及国际竞争力的内涵，界定了两者协同性的内涵，提出了现代流通业与先进制造业协同性判断标准。本书从科技创新能力、可持续发展能力、市场开拓能力、产业效率、产业效益五个方面提出了现代流通业与先进制造业协同性的判断标准；揭示了现代流通业与先进制造业相互作用机理，从动力机制、传导机制、保障机制、评价机制四个方面探讨了现代流通业与先进制造业协同发展的运行机制，并提供了理论依据。

第二，构建了现代流通业与先进制造业国际竞争力评价指标体系。目前，理论界往往利用单一指标或少数几个指标来评价传统流通业和传统制造业竞争力发展现状，很少涉及现代流通业与先进制造业国际竞争力综合评价指标体系。只有构建科学合理的评价指标体系，才能对两者国际竞争力及其协同性做出正确的判断与评价。本书根据全面性和科学性、可操作性和合理性、整体性和层次性、动态性和稳定性原则，从科技创新能力、可持续发展能力、市场开拓能力、产业效率、产业效益五个方面设计现代流通业与先进制造业国际竞争力评价指标体系。本书设计的评价指标体系与现有研究相比更加全面与合理，具有一定的科学性、系统性和可操作性。

第三，构建了现代流通业与先进制造业国际竞争力评价指数，提出了现代流通业与先进制造业协同性测度方法,对我国现代流通业与先进制造业国际竞争力进行了综合评价与中外比较,为我国现代流通业与先进制造业协同性进行综合评价分析提供了理论模型。现有的研究主要对流通业与制造业国际竞争力的某一方面进行测度或者说对两者发展现状展开评价,往往基于主观价值判断,定量分析成果较少,而对于现代流通业与先进制造业国际竞争力及两者协同性测度方法几乎没有涉及。本书利用因子分析方法对现代流通业与先进制造业国际竞争力评价指标体系一级指标群,分别构建现代流通业国际竞争力评价指数、先进制造业国际竞争力评价指数。该方法的优点是在指标权重的确定上比较客观,人为影响因素较小。在此基础上,利用隶属函数协同度模型构建静态和动态协同性评价指数,该指数具有一定的科学性和可操作性。在此基础上,对我国现代流通业与先进制造业国际竞争力进行综合评价与中外比较,对我国现代流通业与先进制造业协同性进行综合评价分析,得出了具有启发意义的研究结论。

第四,构建了现代流通业与先进制造业协同性预警机制,对我国现代流通业与先进制造业协同性进行了监测预警分析。如何掌握现代流通业与先进制造业协同性在未来的变动态势,科学监测和防范不协同性状况,需要建立现代流通业与先进制造业协同性预警机制,而以现代流通业与先进制造业协同性为研究对象的预警机制几乎没有涉及。本书从理论层面阐述现代流通业与先进制造业协同性预警的含义、内容与预警方法,从明确警情、寻找警源、分析警兆、划分警限和预报警度几大环节,利用 ARMA 模型、3σ 方法对我国现代流通业与先进制造业综合协同性,以及五个子系统协同性进行监测预警分析,考察未来一段时期我国现代流通业与先进制造业协同性的变动趋势,对系统协同性失衡可能引发的问题提前预警,为政府部门及时采取相应的预防措施和排警措施提供实证依据。

目　录

第一章 绪 论

第一节 研究背景与研究意义

一、研究背景

现代流通业为先进制造业提供服务和支持,大力发展现代流通业对制造业结构调整和产业升级有重要作用。先进制造业是国民经济的支柱产业,是流通产业发展的社会需求基础,制造业的发展阶段和特征直接决定了流通业的发展阶段和特征。现代流通业与先进制造业存在着相互依存、相互促进、相辅相成的关系。

全球化时代,国家竞争优势主要体现在产业国际竞争力上。"丝绸之路经济带"和"21世纪海上丝绸之路"倡议的提出为我国产业国际竞争力的提升提供了广阔空间。但是,美国等发达国家的制造业复兴计划又给我国产业国际化带来了一定的压力和挑战。在当前复杂环境下,想要在国际竞争中掌握主动权,必须提高产业国际竞争力。先进制造业是提高产业国际竞争力的主动力之一。现代流通业与先进制造业协同发展,有利于提高现代流通业的服务能力和先进制造业的国际分工地位,也有利于优化产业结构,增强流通业与制造业的国际竞争力。因此,深入研究现代流通业与先进制造业协同性问题,具有重要的理论意义和现实意义。

二、研究意义

(一)理论意义

第一,理论界关于现代流通业与先进制造业的关系存在较大分歧。产生这种分歧的原因主要在于经济社会发展时期和背景不同,对现代流通业与先进制造业的内涵、国际竞争力的内涵、协同性的内涵理解存在差异。因此,加强对现代流通业与先进制造业的内涵、国际竞争力的内涵、协同性的内涵进行研究,有助于相关理论的融合和发展。

第二,现代流通业与先进制造业分属于经济系统的两个子系统,既相互关联,又相互独立,两者的协同性受到各种因素影响。产业国际竞争力是一种综合能力,包含多个层次。如何从产业国际竞争力的角度构建协同性评价指标体系,如何解决协同性的测度方法,这些都是目前理论研究中的薄弱环节,本书将在这一薄弱环节上力求有所突破。

第三,经济预警在我国正处于发展阶段,而以现代流通业与先进制造业协同性为研究对象的预警机制目前尚属空白。本书试图将经济预警理论和方法应用到现代流通业与先进制造业协同性的监测预警研究中,构建适合中国国情的现代流通业与先进制造业协同性预警体系,为政府决策提供参考依据和技术支撑。将预警理论和方法应用到现代流通业与先进制造业协同性研究中,是协同性理论研究的新尝试,也是经济预警方法的新尝试,具有一定的理论价值。

(二)现实意义

第一,通过对现代流通业与先进制造业国际竞争力的评价,对两者协同性进行测度与评价,有助于对我国现代流通业与先进制造业国际竞争力水平及两者协同发展程度做出比较准确的判断和客观的评价,这对政府制定科学合理的经济政策,推进产业结构升级,提升两大产业的国际竞争力具有重要的现实意义。

第二,通过对现代流通业与先进制造业协同发展机理、影响因素的理论研究及实证检验,有助于寻找两者协同发展的途径,为政府决策提供参考依据和技术支撑。

第三,对可能发生的情况进行预报是预警体系中的一个重要环节,本书构建的现代流通业与先进制造业协同性预警体系,有助于对两者的态势进行监测预警,为政府及时采取防范措施提供实证依据。

第二节 文献综述

一、产业国际竞争力的理论渊源

国际竞争力是在比较优势概念基础上不断发展而形成的,它是国际贸易和国际分工发展的产物。

关于产业国际竞争力的理论渊源可以追溯到 18 世纪的古典贸易理论。亚当·斯密(Adam Smith)的绝对优势理论认为,产业国际竞争力来源于生产效率的绝对优势。如果某个国家某种商品的生产效率具有绝对优势,则该商品具有国际竞争力,该国能从国际贸易中获利。大卫·李嘉图(David Ricardo)认为产业国际竞争力体现在比较优势上,当某一产业的机会成本低于其他产业时,该产业具有比较优势,进而能在国际贸易中获利。古典贸易理论详细解释了比较优势的形成原因,即国与国之间要素禀赋的差异。

新古典贸易理论主要从绝对优势或比较优势的角度分析国际竞争力,认为国际竞争力的差异主要体现在劳动力、资本等要素禀赋的差异上。但是新古典贸易理论没有解释当要素禀赋相同或相近时,如何进行国际贸易。20 世纪 60 年代以后,产品生命周期理论、需求偏好相似理论等新贸易理论的出现解决了这个问题。新贸易理论指出,产业国际竞争力不是一成不变的,会随着时间的变化而变化。当产品的生命周期或者技术周期发生变化时,产业国际竞争力会发生动态变化。尽管新贸易理论在分析国际竞争力时充分考虑到了其动态变化的特点,但它和新古典贸易理论一样,认为国际竞争力是先天"被动"形成的,而不是后天"主动"形成的。

20 世纪 80 年代以后,专业化分工日益深化,技术创新作用日益明显,以保罗·克鲁格曼(Paul Krugman)、杨小凯、保罗·罗默(Paul Romer)和罗伯特·卢卡斯(Robert Lucas)等为代表的学者从规模报酬递增、专业化分工、技术进步等角度解释了产业国际竞争力的来源,提出了产业国际竞争力的新来源,即内生比较优势。根据内生比较优势理论,一个国家即使传统生产要素比较优势不足,仍然可以通过培育内生比较优势提升产业国际竞争力。

迈克尔·波特(Michael Porter)提出的国家竞争优势理论,突破了传统贸易理论的研究视域。与以往的产业国际竞争力理论相比,该理论在以下两个方面有了重大突破。

第一,产业国际竞争力不完全取决于比较优势,还取决于竞争优势。随着全球化趋势的加快,比较优势的作用日益减弱,而竞争优势才是决定国家地位的关键因素。需要指出的是,该理论提出的国家竞争优势指的是产业国际竞争力,也就是说,一个国家在国际竞争中取得成功的原因在于产业的国际竞争力。那么,如何获取产业国际竞争力呢? 该理论认为,应该拥有四个要素条件:①生产要素。国际竞争优势理论中生产要素的范围比较广泛,不仅包括土地、地理位置、资本、非技术和半技术等初级生产要素,也包括高素质人才、高等院校、科研机构、现代化通信设备等高级生产要素。产业国际竞争力主要取决于高级生产要素。②需求条件。需求是产业持续发展的动力。产业要提升国际竞争力,必须重视需求市场,尤其是国内需求市场。国内需求市场规模与产业国际竞争力密切相关。③相关产业与支持性产业。当某一产业具有竞争优势时,很可能因产业的关联性"提携"相关产业的竞争力,这就是产业的提升效应(pull through effect)。要想打造某一产业的竞争优势,提高其相关产业的竞争力是个有效途径。④企业战略和结构。企业的发展目标、管理模式、股东结构等要素也是产业获得竞争优势的条件之一。除了上述四个要素条件以外,政府的产业政策也是需要考虑的要素。政府的产业政策,特别是对关联产业的支持政策,对提高产业国际竞争力能达到事半功倍的效果。

第二,产业国际竞争力是复杂多变的,不仅受到国内因素的影响,也受到国际因素的影响。各因素之间相互影响、相互作用,构成一个复杂的、互馈的、动态的系统。提升产业国际竞争力不能完全依靠天然的要素禀赋和静态的比较优势,更要充分利用竞争优势。

波特的国家竞争优势理论虽然突破了传统的理论,但也存在一些不足之处,例如该理论很好地解释了发达国家竞争优势的来源,却没有反映发展中国家竞争优势的影响因素。其后的学者对该理论进行了修正或改进。Dunning(1992)等将跨国经营作为一种重要的辅助因素纳入国际竞争力分析模型。Rugman(1993)将钻石模型扩展为双钻石模型。韩国汉城大学(今首尔大学)教授 Dong-Sung Cho(1994)在解释韩国国际竞争力来源时构建了九要素模型。

随着科学技术的迅猛发展和经济现象的日益复杂化,产业国际竞争力的研究领域不断拓宽,学者们不仅从要素角度进行了重新阐述,还将产业国际竞争力与生命周期、产业内贸易、产业集聚、技术水平差距等理论相结合,研究范围不仅包括经济学和管理学,还扩大到政治学、社会学等领域。产业国际竞争理论的发展和完善,不仅为发达国家,更为发展中国家参与国际分工、提高产业国际竞争力、获取国际贸易利益提供了理论支持。

二、现代流通业与先进制造业国际竞争力评价分析

由于产业国际竞争力具有主体多元性、结构复杂性、空间广泛性等特点,对产业国际竞争力的评价分析会用到各种不同的指标和方法。纵观国内外文献,学者们评价产业国际竞争力时不仅应用了单指标评价法,也应用了多指标评价法。

在单指标分析方面,国际市场占有率、竞争优势指数、比较优势指数、净出口指标等常被作为国际竞争力的评价指标。此外,学者们也经常使用劳动生产率、资本生产率、产业增加值等指标来评价产业国际竞争力。单指标分析法虽然简单明了,但不能全面反映产业国际竞争力。多指标评价法则主张建立综合指标体系,对产业国际竞争力进行全面评价。目前具有代表性的综合指标体系有 WEF 评价指标体系、IMD 评价指标体系、波特产业竞争力评价指标体系、标杆测定体系等。应用多指标评价法评价产业国际竞争力的关键是确定各指标的权重并选择合适的方法进行评价,其中较典型的评价方法有因子分析法、投入产出法、主成分分析法、数据包络分析法、模糊聚类分析法与粗糙集法、面板数据模型、TOPSIS 模型等。这些方法为我们研究产业国际竞争力提供了借鉴和参考。

随着产业国际竞争力理论和实证研究的深入,人们对现代流通业和先进制造业产业国际竞争力的关注也日益增加。

王小平、贾敬刚(2001)认为流通产业国际竞争力是指在开放条件下,一个国家(地区)的流通业向国际、国内市场提供商品的能力及获利能力。宋则(2006)认为流通业竞争力是指开放经济条件下一个国家(地区)的流通业在国际资本流动和国际商品市场中所表现出来的财富积累能力和成本、效率状况。刘东明(2013)认为流通业的国际竞争力体现在三个方面:一是企业的发展规模和赢利能力,二是流通技术所处的阶段、品牌优势和营销能力,三是产业链的控制和整合能力。朱瑞庭、尹卫华(2014)以波特的国家竞争优势理论为基础,构建了中国零售业国际竞争力的钻石模型,该模型不仅强调要素市场条件及企业自身对零售业国际竞争力的支撑,还强调了国内外两个市场的联动对提升国际竞争力的作用。陈宏付(2007)提出零售业国际竞争力是指一国零售企业在国际市场上销售产品和提高服务的能力,具有价值耗材性、辐射性和独特性特点。

与此同时,学者们对制造业国际竞争力的关注也有增无减。于明远、范爱军(2014)认为制造业国际竞争力反映了制造业在国际市场上的比较生产力、销售能力、服务能力和赢利能力,国际竞争力不仅要体现竞争过程,也要体现竞争结果。Liu、Parker(2001)计算了1980—1997年中国制成品的显示性比较优势和净贸易条件等指数,在此基础上,探讨了国际直接投资(FDI)与中国高技术制成品竞争力的关系。Bender(2001)利用1981—1997年亚洲和拉丁美洲国家制成品出口数据计算了显示性比较优势指数,对不同类型制成品的竞争力和贸易结构优化进行了对比分析。魏浩、毛日昇、张二震(2005)测算了1997—2003年中国不同技术含量制成品的显示性比较优势指数,并与美国比较,研究发现低技术含量的制成品是中国的比较优势产品。汪素琴(2005)利用市场占有率等指数对中国1995—2003年工业制成品国际竞争力进行了分析,发现在样本期内工业制成品国际竞争力整体较弱。Brunner(2005)通过计算出口数量指数和质量指数,分析了部分亚洲国家制造业的国际竞争力。林钰(2006)从"类"层次角度出发测算了中国工业制成品的贸易竞争力,认为其国际竞争力较强。黄先海(2006)利用贸易竞争力指数分析了1992—2003年中国制造业的贸易模式,研究结果表明劳动密集型制造业是中国具有国际竞争力的主要产业。范爱军、林琳(2006)通过计算12类工业制成品的贸易竞争指数分析了中国制造业比较优势的动态变化,提出要重视自主技术创新和改进生产技术。金培、李钢、陈志(2007)测算并比较了中国初级产品、机械设备和其他工业制成品的贸易竞争指数,结果表明制造业的国际竞争力依然较弱。魏浩(2008)利用贸易竞争力指数、国际市场占有率计算了2000—2005年中国工业制成品的国际竞争力,认为中国制造业国际竞争力在不断增加。王家庭、王璇(2011)从绝对竞争力和相对竞争力两个方面分析了中国制造业的国际竞争力,认为中国制造业虽拥有一定的国际市场比例,但是国际竞争力水平低于美、英、日等国,并在此基础上提出了相应的政策建议。胡绪华(2012)结合劳动力成本提升背景,探讨了中国制造业的国际竞争力的可持续成长问题,认为劳动力成本上升削弱了制造业价格优势,并提出了提升制造业国际竞争力的对策建议,包括扩大消费、促进产业升级、创新制造业管理政策等。王芬(2014)利用比较优势指数和竞争优势指数分析了中国制造业国际竞争力,从生产竞争能力、贸易竞争力、竞争潜力三个方面对中国与美国、德国等部分国家制造业国际竞争力进行比较,并在此基础上提出了对策建议。于明远、范爱军(2014)利用主成分分析法对中国制造业国际竞争力进行了综合评价,发现中国制造业国际竞争力得分较低,排名靠后,与美国、德国等发达国家相比有较大差距,他们由此提出了提升制造业竞争实力的具体措施。

三、现代流通业与先进制造业协同机理研究

西方主流经济学重视生产者与消费者直接交易范式,认为商品能自动地从生产领域转移到消费领域,忽视了流通过程,因此在国外文献中较少见到与我国学者研究的"流通业"相对应的词语。在整理国外文献时,我们发现西方学者提出的生产性服务业(producer services)、销售渠道与"流通业"相关。随着先进的物质技术设施和科学的管理方法在流通业中的应用,流通业的"现代性"内涵日益受到重视。现代流通业代表了流通业的发展方向(张英、和淑萍,2005)。对于什么是"现代流通业"这一问题,国内学者提出了不同看法。张广生(2007)认为,现代流通业以连锁商业为代表,通过广泛应用信息技术实现管理的现代化。王潇(2009)认为,现代流通业的发展需要高效的物流配送体系和专业化的流通中介组织作保障。何燕(2010)认为,现代流通业应符合现代市场经济要求,在先进的物质技术基础上,应用科学的管理方法,高效率、低成本地组织商品流通。也有学者认为现代流通业是一种新型流通体系,这种体系由原材料供应商、生产制造商、分销商、零售商和最终顾客组成,在这种体系中,商流、物流、资金流、信息流按计划进行组织、控制与协调(朱立龙等,2012)。从本质上来看,商流、物流、信息流、资本流,包括人的流通,都是各自的流通(陈文玲,2012)。

随着科技革命的发展,传统制造业的生产方式和制造模式有了巨大变化,转型升级迫在眉睫,必须加快发展先进制造业的速度。然而迄今为止,先进制造业还没有形成规范性的定义,其内涵与概念边界相对模糊,有关的研究成果也相对零散。黄烨青(2010)指出,先进制造业是一种新型的生产组织方式,这种生产组织方式反映了新型创新方式的变革方向。先进制造业不仅指传统产业的转型升级过程,也指制造业中的科技创新过程,过程中融合了工业化和信息化(于波、李平华,2010)。先进制造业的"先进"体现在制造技术、产品技术、商业模式和组织形式四个维度上(吴晓波等,2011)。

对现代流通业与先进制造业的协同机理,学者们分别从外部规模经济、分工、创新等视角进行了探讨并提出了不同观点。

(一)获取外部规模经济

流通业能提高规模经济效应,降低运输成本,实现和制造业之间要素快

速、高效流动,为制造企业指明了市场需求和发展方向,有利于制造业的产业结构优化(庄尚文、王永培,2008)。制造业的社会化、专业化程度加深,流通业及其内部各行业对制造业提供的服务投入会不断增加,双方进入高度补充和融合阶段,在区位上向具有环境优势的同产业部门集聚,这就创造了巨大的外部规模经济,有利于改善区域经济环境,提升整个经济系统的竞争优势。Harrington(1995)分析了生产性服务业对区域活动效率和竞争的贡献,认为生产性服务业具有市场外部性。吕政等(2006)引入内部化、外部化的概念,将生产性服务业划分为种子期、成长期和成熟期三个阶段,探讨不同阶段生产性服务业与制造业互动关系的内在机理。吴群(2011)应用共生理论研究了制造业与物流业的联动模式,认为制造业和物流业协同、联动发展建立在能力互补的基础上。高峰、刘志彪(2012)认为,服务业包括流通业与制造业之间通过分工协同、制度协同、创新协同、资本协同产生协同集聚效应,这种集聚效应带来规模效应,最终带来经济的长期增长。

(二)分工深化的需要

随着产业内分工的深化,先进制造业将自身并不擅长的活动外包给流通企业,集中力量提升自身的核心竞争力。因此,现代流通业是先进制造业分工深化的结果,流通业的外包发展是分工深化和专业化程度提高的体现。在专业化协作原则指导下,现代制造业与物流业向更高的专业化水平方向协同发展,这是经济运行实现低成本高效率目标的有效途径(黄福华、谷汉文,2009)。Hutton(2004)认为,从工业时代到后工业时代,生产服务广泛地渗透于经济发展的各个阶层,它的角色逐渐从"润滑剂"转变为"推进器"。随着生产性服务业的迅速发展,制造业把越来越多的内部活动外部化,集聚优势致力于核心业务发展。生产性服务业与制造业的协同发展,不仅提高了生产性服务业的专业化水平,也提高了制造业的核心竞争力(Macpherson,2008)。王坤、骆温平(2015)认为,物流企业与制造企业跨组织协作,不仅能提高物流企业的服务创新能力,也能提高制造企业的生产效率。陈宪、黄建锋(2004)指出,制造业增长的深刻原因是社会分工,生产性服务业专业化水平的提升降低了制造业交易成本。刘雪妮等(2007)提出,由于社会分工细化的需要,制造业对物流业的专业化、集成化要求不断提高,从而两者实现协调发展。韦琦(2011)通过研究发现,专业化水平的提升使越来越多的制造企业将物流外置,促使了物流服务业的兴起。周长富、张二震(2011)认为,包括流通服务在内的生产性服务业的发展是制造业分工深化的需要。路红艳(2009)提出,生产性服务业逐渐渗透到制造业的价值链和产业链,有利于制造技术的升级和产业附加值的提高。彭本红和冯良清(2010)的研究发现,制造业将物流资源进行外包,促进了现代物流业和先进制造业的协同发展。

(三)实现互动创新

现代流通业的创新水平是衡量制造业产业结构完善程度的重要标志,制造企业的创新活动能激励流通企业的创新活动,通过知识的转移和流动,流通业和制造业实现互动创新。Grubel、Herbert(1999)认为,生产性服务业向制造业输送了人力资本和知识资本,而这些资本大大改善了创新环境并提高了创新效率,提高了制造业最终产出增加值。在信息技术及创新的推动下,生产性服务业与制造业逐渐发展到高度融合阶段,产业边界也越来越模糊(Daniels,2002)。在与制造业互动过程中,生产性服务业是创新的桥梁(Czarnitzki、Spielkamp,2003),起到知识转移的协调者与桥梁的作用(Hauknes、Knell,2008),也促进了复杂知识的转移(Miles,2003)。陆小成(2009)构建了知识链模型用来分析生产性服务业与制造业的融合发展的机理,认为交互性学习平台是两者高度融合的关键。

四、现代流通业与先进制造业协同性的评价方法

现有文献中,对流通业与制造业的协同性测度与评价方法主要有五类。

(一)采用灰色关联模型

王珍珍、陈功玉(2010)对中国物流业与制造业各子行业协调度进行了实证研究,结果表明制造业不同子行业与物流业的协调程度存在差异;刘丹(2012)应用灰色关联模型,以福建省为例,对制造业与物流业的协调度进行了实证分析,并在此基础上提出了促进"两业"协同发展的一些建议;黄宽(2012)对批发零售业和制造业28个子行业的联动关系进行了定量分析,得出批发零售业和制造业处于初级协调阶段的结论。

(二)利用投入产出模型

李晓慧(2015)利用投入产出模型探讨了我国流通服务业与制造业产业的关联度,结果表明关联性不断增强;赵霞(2012)利用该模型对中国流通服务业与制造业的协调特征进行了实证检验,认为中国流通服务业与制造业的关联性在不断增强。

（三）构造协调度模型

杜传忠、王鑫、刘忠京（2013）利用系统耦合度模型，以我国长三角和京津冀都市圈为例，分析了制造业与生产性服务业耦合协调度对区域制造业竞争力的作用，认为制造业与生产性服务业协同发展能有效提升制造业竞争力；孙鹏、罗新星（2012）从自组织角度构建了区域物流服务业与制造业发展的协同度评价模型，并对湖南省的经验数据进行了实证分析，研究发现湖南省物流业和制造业协同发展呈现螺旋式上升特点；雷勋平等（2012）构造了皖江城市物流业与制造业协调度模型，研究结果表明皖江城市物流业与制造业协调度近年来逐渐上升。

（四）应用 DEA 模型

丁宁、周经、丁华（2013）使用 DEA 方法评价流通创新对制造业生产效率的作用，结果表明流通技术进步和组织创新对制造业生产效率的作用显著，对技术效率无显著作用；施国洪、赵曼（2010）将 DEA 分析应用于江苏省物流业与制造业协调发展评价，研究发现 1998—2007 年两者发展不协调；王军、曹丽新（2012）运用 DEA 模型对青岛市制造业与物流业联动发展协调度进行了测评，得出协调度不高的结论。

（五）应用协整方法

李杨超、祝合良（2015）利用时间序列数据建立面板协整模型，检验我国各省份制造业与商贸服务业的相互关系，认为两者存在长期均衡关系；韩丹丹（2011）通过协整分析和格兰杰因果分析对中国批发零售业与制造业是否实现协调发展进行了实证检验，发现中国制造业与批发零售业在发展过程中存在不协调现象。

此外，韦琦（2014）利用垂直关联模型对 31 个省区市物流业与制造业的协同定位关系进行了实证检验，结果表明物流业区位和制造业区位存在双向协同效应。程艳、叶徽（2013）根据双边市场理论和中心—外围模型，利用数字模拟法分析了流通业成本与制造业空间集聚的关系，认为两者存在倒 U 形曲线关系。

五、现代流通业与先进制造业协同性的监测和预警

20 世纪 90 年代以后，经济监测预警开始得到广泛关注。1997 年，Kaminsky 等提出了一种经济检测预警的重要方法，即 KLR 信号分析法，该方法一经提出就得到了广泛认可和不断发展。Nag、Mitra（1999）用 NN 模型构建了一个货币危机预警系统。Kuo 等(2002)设计了一个基于模糊神经网络的智能预警系统。国外产业经济预警研究主要集中于银行业(Sarkar et al.,2001;O'Keefe et al.,2003)。在 21 世纪初,经济预警的研究由宏观经济政策领域拓展到微观企业行为。

　　目前,将经济监测预警理论应用到现代流通业与先进制造业协同性研究的学者不是很多。国外相关研究集中在运输预警,如 Chen 等(2007)分析了危险品运输的影响因素,建立了危险品运输预警模型;Han 等(2010)应用预警理论对雪灾运输预警模型进行了评估。

　　国内学者在流通业与制造业领域运用经济监测预警理论起步较晚。关于流通业监测预警,代表性观点有:邓若鸿等(2001)利用地理信息系统(GIS)技术与智能决策支持系统,提出了生产与流通预警预报的智能决策支持系统、组成模式和总体的设计框架;杜潇潇等(2006)针对物流市场的特点,将经济景气预警分析方法和物流市场结合起来,设计了物流市场景气预警系统;李宏(2010)利用扩散指数和合成指数,建构了商贸流通业监测预警景气信号模型,有助于预测商贸流通业的发展态势;纪良纲等(2008,2009)构建了商品流通规模监测预警指标,利用 1990—2005 年统计数据,基于时差相关分析法、BP 神经网络算法,对中国商品流通规模进行了监测预警;杨迎心等(2011)创立了物流运输预警指标体系和物流运输预警模型,在此基础上对公路物流运输的安全预警进行了识别,对物流运输系统进行了监测预警。关于制造业监测预警,代表性观点有:文娟萍、徐小力(2004)提出的远程网络协同监测系统,为制造业信息化提供了新的参考;金成晓、俞婷婷(2008)构建了制造业产业安全评价指标,利用该指标体系,可以对中国制造业产业安全给出相应的预警信息;郑存杰等(2009)选择产业集聚程度较高的六大行业作为研究对象,利用突变理论比较分析各地区产业集聚效率,构建了制造业空间集聚适度预警指标体系及其预警模型,研究结果表明中国典型制造业产业集聚态势明显;刘永胜(2013)利用北京市上市公司数据,创建了制造企业物流风险预警模型,为制造企业做好物流风险预警提供了新的思路。

　　关于协同性预警,代表性观点有:尹晓波(2009)根据社会经济与生态协同发展的性质和特点,构造了系统预警指标体系,对经济社会与生态系统之间的协调关系进行了预警研究;孙镔等(2009)应用模糊综合评判法对天津市经济与水资源协同发展趋势进行了预警研究,通过研究发现,天津市 2007—2010 年经济与水资源的协同发展已经亮起预警危险信号。

六、对现有相关研究的总体评述

由前文分析可知,国内外学者从不同视角出发,应用不同方法,得出了一些具有启发意义的结论,丰富了我们对现代流通业与先进制造业协同性问题的认识。但总体上还有一些不足或薄弱之处。

第一,对现代流通业、先进制造业的内涵,以及两者协同性内涵的界定,学者们有各自的研究,分歧较大,还没有完全突破传统商业与传统制造业的思路。然而,随着现代信息技术和现代管理方式的引入,流通业与制造业已开始向高知识性、高技术性的现代流通业和先进制造业发展。综观相关文献中对现代流通业、先进制造业的概念界定,不难发现理论界尚未形成明确、统一的定义。此外,现有的研究重点或放在流通业发展问题上,或放在制造业发展问题上,或放在流通业与制造业协调性上,或放在流通业与制造业互动、融合问题上,很少从现代流通业与先进制造业协同性这一视角对其内涵进行深入探讨,缺乏广泛认同的判断准则。

第二,现有的文献对现代流通业与先进制造业协同机理的分析,多数是针对流通业与制造业互动关系的研究,只关注工商关系的协调问题,忽视了从产业高度对现代流通业与先进制造业两大产业间协同关系的整体研究,没有对两者的协同发展机理进行实证检验并分析其影响因素。此外,对现代流通业与先进制造业协同发展机制等方面研究存在缺失,这些缺失导致对两业协同发展的现状、影响因素难以把握,不能将现有的研究成果系统进行集成,并有的放矢地将其应用到实际问题的解决中,从而影响具体政策的制定。相关研究缺少对现代流通业与先进制造业协同发展机理的实证分析,很难提出具有针对性的政策建议。

第三,对现代流通业与先进制造业国际竞争力评价指标的研究,多局限于流通业或制造业某一方面,没有将两者纳入一个完整的理论框架进行系统研究,指标不够全面、完整;在研究方法上,多数是对流通业发展水平或制造业发展水平的测度,对两者协同性的测度目前还处于起步阶段,没有建立两者静态协同性与动态协同性的综合评价指标体系。对流通业与制造业协同发展程度的分析,现有的研究样本比较少,或者止步于定性分析,缺乏对现代流通业与先进制造业协同性的综合测度。

第四,理论界对流通业与制造业监测预警研究,警源指标体系的科学性不足,运用计量经济模型等定量技术进行预警分析的研究较少,缺少量化分析的支撑。以现代流通业与先进制造业协同性为研究对象的预警体系还不够完善。

第三节　研究内容与研究方法

一、研究内容

本书以"现代流通业与先进制造业协同性"为研究主题,基于产业国际竞争力研究视角,运用国家竞争优势理论、国际分工理论、协同理论等,阐述了现代流通业与先进制造业国际竞争力的内涵、评价指标和评价方法,探析了现代流通业与先进制造业协同性的内涵、特点、判断标准,分析了现代流通业与先进制造业协同发展机理、协同机制及影响因素等。从国际竞争力的来源、表现、实质、结果四个层次构建了现代流通业与先进制造业协同性评价指标体系,并对现代流通业与先进制造业协同性预警体系等内容进行了深入研究,从而构建了相对完整的现代流通业与先进制造业协同性理论体系。利用1990—2014年的统计数据[①],对中国现代流通业与先进制造业的国际竞争力及两者的协同性进行综合评价,对现代流通业与先进制造业协同性影响因素进行定量分析,对现代流通业与先进制造业协同性进行监测预警。在此基础上,提出了提升中国现代流通业与先进制造业国际竞争力、促进两者协同发展的政策建议,并对未来研究方向进行了展望。

本书研究思路见图1-1。

二、研究方法

(一)综合评价分析法与隶属度函数模型分析法

综合评价分析法主要用于构建现代流通业国际竞争力综合评价指数、先进制造业国际竞争力综合评价指数;隶属度函数模型主要用于现代流通业与先进制造业协同性指数的测算。

(二)VAR 模型和 ARMA 模型

VAR 模型主要用于现代流通业与先进制造业协同发展机理实证检验;

[①] 由于本书写于2016年,当时可获得数据的最近年份为2014年,所以书中1990—2014年的协同性指数根据测算而得,而2015—2019年的协同性指数是根据发展趋势进行预测得到的。

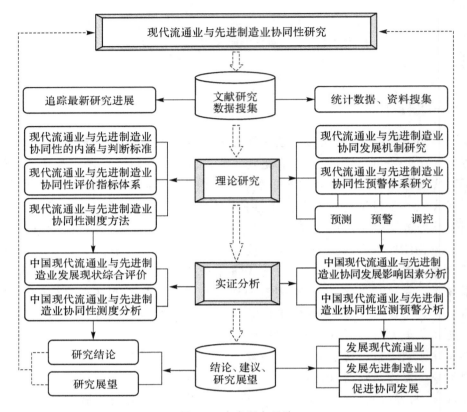

图 1-1 本书研究思路

ARMA 模型主要用于现代流通业与先进制造业协同性评价指数预测。

（三）灰色关联分析法

灰色关联分析法主要用于现代流通业与先进制造业协同性影响因素研究，分析现代流通业与先进制造业协同性指数与物质资本、人力资本、技术资本、经济开放程度、政策因素、市场因素等的关联度。

（四）静态分析法与动态分析法相结合

静态分析法主要用于对某一时点的现代流通业与先进制造业协同性指数做出测度和评价；动态分析法主要用于判断现代流通业与先进制造业协同性指数的动态变化规律。

第四节　研究难点与创新点

一、研究难点

（一）现代流通业、先进制造业的内涵及现代流通业与先进制造业协同性的内涵界定

现有相关研究对现代流通业、先进制造业的概念，尚未形成明确的定义，对现代流通业和先进制造业的产业边界也存在争议。如何界定现代流通业、先进制造业及现代流通业与先进制造业协同性的内涵是本书首要解决的难点，是开展后续研究的基础。

（二）现代流通业与先进制造业国际竞争力的评价指标体系构建

现代流通业与先进制造业是复合性产业，产业国际竞争力是一种综合能力，不能使用单一指标或少数几个指标，而应该设立互相关联、互为体系的综合性评价指标体系。如何兼顾指标的全面性、科学性、可操作性，是本书需要克服的难点之一。

（三）现代流通业与先进制造业协同性的测度和评价

在构建了现代流通业与先进制造业协同性评价指标体系后，用什么样的方法测度我国现代流通业与先进制造业的协同性指数，并做出科学、合理的评价，是本书的研究难点之一。

（四）现代流通业与先进制造业的协同发展机理分析

现有文献对现代流通业与先进制造业协同发展机理的分析，多数针对流通业与制造业的互动关系，只关注工商关系的协调问题，忽视了从产业高度对现代流通业与先进制造业两大产业间协同关系的整体研究，没有将两者纳入一个完整的理论框架进行系统研究，没有对两者的协同发展机理进行实证检验并分析其影响因素。如何对协同机理、影响因素进行定性和定量分析，是本书的难点之一。

（五）如何对现代流通业与先进制造业的协同性进行预警

国内学者对经济预警领域的研究刚刚起步，对流通业与制造业的监测预警的研究不多，运用计量经济模型等定量技术进行预警分析的研究就更

少了，如何根据经济预警理论、从哪些方面构建现代流通业与先进制造业的协同性预警系统，是本书的一大难点。

二、研究创新点

（一）界定了现代流通业与先进制造业协同性的内涵并提出相应的判断标准，探讨了两者协同发展的运行机制

已有研究主要集中于传统流通业与传统制造业的关系，很少涉及现代流通业与先进制造业，以及两者协同性的内涵，没有涉及协同性的判断标准。本书界定了现代流通业、先进制造业及国际竞争力的内涵，界定了现代流通业与先进制造业协同性的内涵，提出了现代流通业与先进制造业协同性的判断标准。本书认为，现代流通业是指建立在现代流通技术和先进管理方法基础上的一切从事实物商品和服务商品流通的产业总称；先进制造业是相对于传统制造业而言的，指拥有先进制造技术、先进制造模式、先进营销网络组织、先进管理技术，并应用于研发设计、生产制造和服务管理全过程，取得良好的经济和社会效益的制造业的总称；现代流通业与先进制造业的协同性是指两者之间优势互补、相互依存、相互协作、相互促进，形成发展方向的一致性与和谐性，以达到共同发展、共同繁荣的双赢效果。本书从科技创新能力、可持续发展能力、市场开拓能力、产业效率、产业效益五个方面提出了现代流通业与先进制造业协同性的判断标准；揭示了现代流通业与先进制造业相互作用的机理，从动力机制、传导机制、保障机制、评价机制四个方面探讨了现代流通业与先进制造业协同发展的运行机制。

（二）构建了现代流通业与先进制造业国际竞争力评价指标体系

目前，理论界往往利用单一指标或少数几个指标来评价传统流通业和传统制造业竞争力发展现状，很少涉及现代流通业与先进制造业国际竞争力综合评价指标体系。只有构建科学合理的评价指标体系，才能对两者的国际竞争力及其协同性做出正确的判断与评价。本书根据全面性和科学性、可操作性和合理性、整体性和层次性、动态性和稳定性原则，从科技创新能力、可持续发展能力、市场开拓能力、产业效率、产业效益五个方面设计现代流通业与先进制造业国际竞争力评价指标体系。本书设计的评价指标体系与现有研究相比更加全面与合理，具有一定的科学性、系统性和可操作性。

（三）构建了现代流通业与先进制造业国际竞争力评价指数，提出了现代流通业与先进制造业协同性测度方法

现有的研究主要局限于对流通业与制造业国际竞争力的某一方面进行测度或者说对两者发展现状的评价，定量分析成果较少，而对于现代流通业与先进制造业的国际竞争力及两者协同性测度方法几乎没有涉及。本书利用因子分析方法对现代流通业国际竞争力评价指标体系与先进制造业国际竞争力评价指标体系一级指标群，分别构建了现代流通业国际竞争力评价指数、先进制造业国际竞争力评价指数。该方法的优点是在指标权重的确定上比较客观，人为影响因素较小。在此基础上，利用隶属度函数协调度模型构建现代流通业与先进制造业静态协同性评价指数和动态协同性评价指数，该指数具有一定的科学性和可操作性。在此基础上，对我国现代流通业与先进制造业国际竞争力进行了综合评价与中外比较，并对我国现代流通业与先进制造业协同性进行了综合评价分析，得出了具有启发意义的研究结论。

（四）构建了现代流通业与先进制造业协同性预警机制

掌握现代流通业与先进制造业协同性在未来的变动态势，科学监测和防范不协同性状况，需要建立现代流通业与先进制造业协同性预警机制，而当前研究几乎没有涉及现代流通业与先进制造业协同性预警机制。本书从理论层面阐述了现代流通业与先进制造业协同性预警的含义、内容与预警方法，从明确警情、寻找警源、分析警兆、划分警限和预报警度几大环节出发，利用 ARMA 模型、3σ 法对我国现代流通业与先进制造业综合协同性，以及科技创新能力、可持续发展能力、市场开拓能力、产业效率、产业效益五个子系统协同性进行了监测预警分析，考察未来一段时期我国现代流通业与先进制造业协同性的变动趋势，对系统协同性失衡可能引发的问题提前预警，为政府部门及时采取相应的预防措施和排警措施提供实证依据。

第二章 现代流通业与先进制造业的国际竞争力

第一节 现代流通业与先进制造业的内涵与特点

由于现代流通业与先进制造业在统计分类和标准中没有确切的规定，因此评价现代流通业与先进制造业协同性之前，需要先明确现代流通业与先进制造业的内涵与特点。

一、现代流通业的内涵与特点

（一）现代流通业的内涵

流通业有广义和狭义之分。广义的流通业泛指商品所有者的一切贸易关系，包括商流、物流、信息流、资金流；狭义的流通业包括批发业、零售业、餐饮业、住宿业和物流业。

由于现代流通业具有复合型、多样性的特点，目前学术界对现代流通业没有形成一个明确、统一的界定。本书根据研究内容，将其定义为：建立在现代流通技术和先进管理方法基础上的一切从事实物商品和服务商品流通的产业的总称。现代流通业的产业边界包括主体和外延部分，从主体上来看，现代流通业包括批发和零售业，住宿餐饮业，交通运输、仓储及邮电通信业；现代流通业的外延即为流通业主体服务的行业，包括租赁和商务服务业、居民服务和其他服务业、电子商务等。

（二）现代流通业的特点

随着现代信息技术和现代管理方式的引入，现代流通业正在向高知识性、高技术性产业发展。现代流通业的主要标志是连锁经营、物流配送和电子商务。连锁经营、物流配送和电子商务相互支持、相互促进，形成了现代流通业的显著特点。连锁经营的核心是批量采购和统一配送，连锁经营的发展离不开电子商务和物流配送。物流配送是电子商务的支撑，电子商务的发展则提高了物流配送水平。信息系统的普及有利于连锁经营、物流配送和电子商务的融合发展。具体说来，现代流通业具有以下几方面的特征。

1. 大型国际流通企业占主导地位，多元化流通主体并存

随着经济全球化进程的加速，大型企业日益成为世界经济发展的主宰力量。大型国际流通企业是现代流通业的龙头，是推动现代流通业持续、快速、健康发展的重要引擎。大型流通企业经营规模大、资金雄厚、技术力量强，拥有庞大的流通渠道和流通网络，在资产、品牌、管理方式等方面拥有强大优势，不仅能促进消费增长，培育消费市场，而且能保障大规模工业化生产，有效地对接生产与销售，更重要的是，能调剂余缺，平抑物价，在应急条件下完成重要使命。多种形式的流通企业并存能形成竞争与合作的市场格局，完善流通环境。

2. 连锁经营较普及，特许经营是主力

连锁经营因其具有强大的竞争力和发展前景，是现代流通企业普遍采用的企业组织形式。特许经营是连锁经营的高级形式，发展最快，也是流通企业实现现代化的重要手段。连锁经营与特许经营越普及，意味着拥有专利技术、独特经营模式、规范化管理体系的流通企业越多，现代流通业的效率和整体水平越高。连锁经营与特许经营的普及还是我国建立创新型国家、实施品牌战略的重要内容。

3. 现代化的物流配送体系和电子商务

现代物流业是现代流通业的主要组成部分，现代物流业的一个重要特征即具有统一、规范、开放、高效的物流配送体系，实现从信息采集、下订单、采购、加工、储存、配送、结算直到分析的一体化运作。电子商务是以信息技术和互联网为平台、以网络服务商为中枢的扁平化运营模式，具有缩短流通渠道、减少流通环节、加快商品周转速度等作用，因此是现代流通业的主要商业模式。

4.信息系统在流通企业中应用普遍,信息化水平较高

信息化是流通企业提高效益、增强竞争力的现实要求和有效手段。现代流通业的一个重要特点就是信息系统和电子商务的普遍应用,即建立和应用以知识管理技术为核心的自动化系统,以生产和财务成本管理为核心的管理系统,以财务成本和公司战略为核心的投资、融资决策与营销系统,如进销存管理信息(POS＋MIS)系统、企业资源计划(ERP)系统、商业智能(BI)系统、企业客户关系管理(CRM)系统、供应链管理(SCM)系统、价值管理(VBM)系统等。

二、先进制造业的内涵与特点

(一)先进制造业的内涵

目前学术界对先进制造业的定义没有统一界定,不同学者从不同角度提出了不同的观点。本书从研究内容出发,认为先进制造业是指拥有先进制造技术、先进制造模式、先进营销网络组织、先进管理技术,并应用于研发设计、生产制造和服务管理全过程,取得良好的经济和社会效益的制造业的总称。

(二)先进制造业的特点

先进制造业的特点体现在"先进性"上,具体来说包括:先进制造技术、先进制造模式、先进营销网络组织、先进管理技术。先进制造技术、先进制造模式、先进营销网络组织、先进管理技术之间相辅相成,相互促进,形成了先进制造业的显著特点。

1.先进制造技术

拥有先进制造技术是先进制造业的首要特点。先进制造业是一个能够不断吸收电子、材料、能源、信息、机械等最新技术成果并将它们渗透到产品设计、生产、供应、销售等各个环节的产业。正是因为拥有了先进制造技术,先进制造业才能够实现智能化、敏捷化、精密化、虚拟化、网络化、全球化、绿色化生产。另外,先进制造技术也可以应用于对传统制造业的改造和升级。先进制造技术代表着先进制造业的发展趋势,也是先进制造业永葆先进性的持久动力。

2.先进制造模式

先进制造模式即先进生产方式和运行管理机制,如柔性制造系统(FMS)、精益生产模式(LP)、计算机集成制造系统(CIMS)、虚拟制造模式

(VM)、清洁生产模式(CP)等。先进制造模式决定着制造企业的资源配置方式和生产效率,也有效促进了产品质量优化、生产规模合理化,从而提升先进制造业的整体实力。

3.先进营销网络组织

先进制造业离不开先进的营销网络组织,这种网络组织以产业链为主线,以现代生产性服务业为支撑,供应商、制造商、分销商、零售商及用户等上下游之间有着密切的联系,形成供应链联盟或产业集群,在研发、设计、生产、管理、营销等各产业链环节中具有较高附加值。

4.先进管理技术

先进制造业通过构建现代公司治理架构,完善公司内部管理和控制,形成独特的企业文化,从而有效降低管理成本,提高管理效率。先进的管理技术有助于企业对市场、消费者的需求心理变化做出迅速的反应,形成企业与市场、社会、生态环境之间的良性互动。先进管理技术也是先进制造业降低管理成本的有效途径。

第二节　现代流通业与先进制造业国际竞争力概述

一、产业国际竞争力的内涵与层次

国际竞争力包括宏观层面的国家竞争力、中观层面的产业竞争力和微观层面的企业竞争力。宏观层面的国家竞争力侧重于整个国家的经济发展水平、福利水平和科技实力等,微观层面的企业竞争力侧重于企业的赢利能力、经营行为、管理水平等。本书研究的国际竞争力是产业层面的国际竞争力,它是国家竞争力的重要组成部分,反映产业乃至整个国家的经济发展水平、福利水平和科技实力等。产业竞争力也是企业竞争力的合成,需要体现组成产业的单元即企业的赢利能力、经营行为、管理水平等。更重要的是,产业国际竞争力需要体现其相关产业和辅助产业的发展状态及对产业的影响。此外,产业国际竞争力还需要反映产业内部企业之间的相关联系。因此,产业竞争力是国际竞争力和企业竞争力的综合体现。

产业国际竞争力是一种综合能力。本书认为,产业国际竞争力包含竞争来源、表现、实质、结果四个层次。其中竞争来源是科技创新能力,竞争表现指可持续发展能力和市场开拓能力两个方面,竞争的实质是产业效率,竞争的结果是产业效益(见表 2-1)。

表 2-1   产业国际竞争力的层次与内容

顺序	国际竞争力层次	国际竞争力内容
第一	竞争的来源	科技创新能力
第二	竞争的表现	可持续发展能力、市场开拓能力
第三	竞争的实质	产业效率
第四	竞争的结果	产业效益

发展经济学理论提出,工业化能提升国际竞争力。在工业化时代,科技创新能力不仅是国际竞争力提升的来源,也是经济增加的动力源泉。随着全球经济竞争的日益激烈,技术创新和知识创新速度不断加快,产业国际竞争力的提升越来越依赖于科技创新。因此,科技创新能力是产业国际竞争力的来源。

可持续发展能力和市场开拓能力是产业国际竞争力在量和质上的表现,能反映产业向外开拓、扩充业务、规模化发展的能力,体现未来一定时期内产业的发展潜力和趋势。

产业国际竞争力的实质是产业效率。传统国际贸易理论认为,产业国际竞争力的强弱主要表现在生产要素的相对优势上。一个产业在劳动力、资本和自然资源禀赋等方面具有的优势越明显,则该产业的国际竞争力就越强。因此,产业效率反映产业的资源配置水平、资源使用效率及生产要素组合运行的效率,是产业国际竞争力的实质。

产业效益是产业竞争的结果,是经营活动所取得的成果体现,是产业竞争力的最高层次,所有产业或企业的活动,最终都指向产业效益的实现。

因此,产业国际竞争力是一种综合能力,不仅包括产业在竞争中体现出来的科技实力、发展水平、要素效率等,也包括企业经营管理能力、满足市场需求等方面所体现的竞争能力,以及支持产业参与竞争的基础设施、环境等方面的竞争力。

二、现代流通业与先进制造业国际竞争力的内涵

随着全球化发展和对外开放的深入,越来越多的流通企业走出国门,与世界接轨,参与国际竞争。现代流通业国际竞争力是指在一定环境下,相对于其他国家或地区的流通业在企业经营管理能力、要素效率、满足市场需求等方面所体现出的竞争能力，以及支持这种能力的基础设施、环境等方面的竞争力。

先进制造业国际竞争力是指在一定环境下，相对于其他国家或地区的制造业在企业经营管理能力、要素效率、满足市场需求等方面所体现出的竞争能力，以及支持这种能力的基础设施、环境等方面的竞争力。

第三节　现代流通业与先进制造业国际竞争力 评价指标体系

一、现代流通业国际竞争力评价指标体系

根据现代流通业内涵、特点及产业国际竞争力的四个层次，本书从科技创新能力、可持续发展能力、市场开拓能力、产业效率、产业效益五个方面构建了现代流通业国际竞争力评价指标体系。

现代流通业国际竞争力评价指标体系分为四级，各级指标之间相互支持又相互独立。一级指标是现代流通业国际竞争力，由科技创新能力、可持续发展能力、市场开拓能力、产业效率、产业效益这五个二级指标聚合而成。二级指标下面又设有三级指标和相应四级指标（见表 2-2、表 2-3）。

表 2-2　现代流通业国际竞争力评价指标体系

一级指标	二级指标	三级指标	四级指标
现代流通业国际竞争力	科技创新能力	流通技术和信息化	电话普及率
		研发能力	R&D 经费支出、R&D 人员数量、人均 R&D 经费支出、R&D 经费支出占产值比例、R&D 强度、R&D 机构数、专业技术人员数量、专业技术人员占产业就业人数比例、每千万人在校大学生数量
	可持续发展能力	产业规模	产业总产值、产业增加值、就业人数、固定资产投资总额、社会消费品零售总额、商品销售收入、商品购进额、人均产值
		产业结构	交通运输、仓储及邮电通信业产值占流通业产值比重

续表

一级指标	二级指标	三级指标	四级指标
现代流通业国际竞争力	市场开拓能力	市场活力	产值增长率、产业增加值增长率、固定资产投资额增长率、就业人数增长率、人均产值增长率、利润增长率、产品销售收入增长率
		市场份额	流通业销售收入占社会消费品零售总额比例、国际市场占有率、贸易竞争力指数、显示性比较优势指数
	产业效率	劳动效率	全员劳动生产率
		资本效率	资本生产率
		技术效率	技术生产率
		管理效率	总资产贡献率、总资产利润率、产值利税率、成本利润率、资产负债率、总资产周转率、网点效率
	产业效益	经济效益	利润总额
		社会效益	利税总额、产业对 GDP 的贡献率、产业对就业的贡献率、产业对税收的贡献率、产业增加值对第三产业增加值的贡献率、物流效益指数、商流效益指数

表 2-3　现代流通业国际竞争力主要评价指标解释

指标名称	指标性质	指标单位	指标含义或意义
电话普及率	正指标	部/万人	表示电话总数与人口总数的比例,反映社会信息化程度
R&D 经费	正指标	亿元	反映现代流通业科技创新能力
R&D 人员数量	正指标	万人	反映现代流通业研发规模
人均 R&D 经费支出	正指标	万元	指 R&D 经费支出与现代流通业总就业人数之比,反映科技创新活动规模和投入水平
R&D 经费支出占产值比例	正指标	%	指 R&D 经费支出占现代流通业产值的比重,反映对现代流通业创新的支持力度
R&D 强度	正指标	%	指 R&D 经费支出占产品销售收入的比重,反映对现代流通业创新的支持力度
R&D 机构数	正指标	个	反映现代流通业科技创新能力
专业技术人员数量	正指标	万人	反映现代流通业专业技术人员规模

续表

指标名称	指标性质	指标单位	指标含义或意义
专业技术人员占产业就业人数比例	正指标	%	反映现代流通业专业技术人员规模
每千万人在校大学生数量	正指标	万人	反映高等教育发展水平
产业总产值	正指标	亿元	反映现代流通业发展规模
产业增加值	正指标	亿元	反映现代流通业发展规模
就业人数	正指标	万人	反映现代流通业劳动力规模
固定资产投资总额	正指标	亿元	反映现代流通业资本投入规模
社会消费品零售总额	正指标	亿元	指批发和零售业、住宿和餐饮业以及其他行业直接售给城乡居民和社会集团的消费品零售额,反映国内消费需求水平和零售市场的规模状况
商品销售收入	正指标	亿元	反映现代流通业发展规模
商品购进额	正指标	亿元	反映现代流通业发展规模
人均产值	正指标	万元	指现代流通业总产值与就业人数之比
交通运输、仓储及邮电通信业产值占流通业产值比重	正指标	%	反映交通运输、仓储及邮电通信业在现代流通业中的地位,反映现代流通业产业结构
产值增长率	正指标	%	反映现代流通业产值增长速度
产业增加值增长率	正指标	%	反映现代流通业产业增加值增长速度
固定资产投资额增长率	正指标	%	反映现代流通业固定资产增长速度
就业人数增长率	正指标	%	反映现代流通业劳动力增长率
人均产值增长率	正指标	%	反映现代流通业人均产值增长速度
利润增长率	正指标	%	反映现代流通业利润增长速度
产品销售收入增长率	正指标	%	反映现代流通业产品销售收入增长速度
流通业销售收入占社会消费品零售总额比例	正指标	%	反映现代流通业在零售商品总额中的比重
国际市场占有率	正指标	%	反映现代流通业国际市场份额

续表

指标名称	指标性质	指标单位	指标含义或意义
贸易竞争力指数	正指标	%	表示流通业进出口贸易的差额占进出口贸易总额的比重,越接近于1,则流通业竞争力越大
显示性比较优势指数	正指标	%	反映流通业国际市场份额相对优势
全员劳动生产率	正指标	万元/人	指平均每个就业人员在单位时间内生产的流通业产值,是现代流通业技术水平、经营管理水平、职工技术熟练程度和劳动积极性的综合表现
资本生产率	正指标	万元/人	指一定时期内单位资本存量创造的现代流通业产值,反映投资效率
技术生产率	正指标	%	指一定时期内技术创造的现代流通业产值
总资产贡献率	正指标	%	总资产贡献率=利税总额/总资产,反映现代流通业盈利能力
总资产利润率	正指标	%	总资产利润率=利润总额/总资产,反映现代流通业盈利能力
产值利税率	正指标	%	产值利税率=利税总额 / 总产值,反映现代流通业盈利能力
成本利润率	正指标	%	成本利润率=利润/成本费用,反映现代流通业经营效益
资产负债率	逆指标	%	指负债总额与资产总额的比例关系,反映现代流通业负债水平和经营活动能力
总资产周转率	正指标	%	指销售收入与平均总资产之比,反映现代流通业总资产周转速度和销售能力
网点效率	正指标	亿元/个	网点效率=亿元以上市场销售额/市场数,反映现代流通业运营效率
利润总额	正指标	亿元	反映现代流通业经营业绩
利税总额	正指标	亿元	利税总额=产品销售税金及其他税金+利润总额,它是现代流通业全部利润额和对社会承担义务的量化
产业对GDP的贡献率	正指标	%	反映现代流通业对经济增长的贡献作用

指标名称	指标性质	指标单位	指标含义或意义
产业对就业的贡献率	正指标	％	反映现代流通业对就业的贡献作用
产业对税收的贡献率	正指标	％	反映现代流通业对税收的贡献作用
产业增加值对第三产业增加值的贡献率	正指标	％	反映现代流通业对第三产业的贡献作用
物流效益指数	正指标	万吨/亿元	物流效益指数＝货运量/GDP,反映物流的经济效应
商流效益指数	正指标	亿元	商流效益指数＝社会消费品总额/(人均消费支出＊人口),反映商流的经济效应

(一)现代流通业科技创新能力指标

现代流通业评价指标体系中,科技创新能力设有流通技术和信息化、研发能力2个三级指标。流通技术和信息化用电话普及率来表示。电话普及率是指平均每万人拥有的电话机数量和移动电话数量。这个指标可以反映现代流通业的通信水平。研发能力下设 R&D 经费支出、R&D 人员数量、人均 R&D 经费支出、R&D 经费支出占产值比例、R&D 强度、R&D 机构数、专业技术人员数量、专业技术人员占产业就业人数比例、每万人在校大学生数量等四级指标。这些指标能较好地反映现代流通业的研发规模、对创新的支持力度等。其中,R&D 强度等于 R&D 经费支出占产品销售收入比重。

(二)现代流通业可持续发展能力指标

现代流通业的可持续发展能力设有产业规模和产业结构2个三级指标。产业规模选取产业总产值、产值增加值、就业人数、固定资产投资总额、社会消费品零售总额、商品销售收入、商品购进额、人均产值作为四级指标。产业结构用交通运输、仓储及邮电通信业产值占流通业产值比重来表示。

(三)现代流通业市场开拓能力指标

现代流通业的市场开拓能力设有市场活力和市场份额2个三级指标。市场活力包括产值增长率、产业增加值增长率、固定资产投资额增长率、就业人数增长率、人均产值增长率、利润增长率、产品销售收入增长率。市场份额包括流通业销售收入占社会消费品零售总额比例、国际市场占有率、贸易竞争力指数、显示性比较优势指数等。

（四）现代流通业产业效率指标

现代流通业的产业效率设有劳动效率、资本效率、技术效率和管理效率4个三级指标。劳动效率指平均每个就业人员在单位时间内生产的流通业产值，是现代流通业技术水平、经营管理水平、员工技术熟练程度的综合表现，劳动效率＝流通业增加值/流通业就业人数。资本效率指一定时期内单位资本存量创造的现代流通业产值，反映投资效率，资本效率＝流通业增加值/固定资产投资额。技术效率用 DEA 方法测算，测算时使用 Deap2.1 软件，选择 C^2R 模型。管理效率下设 7 个四级指标，分别是总资产贡献率、总资产利润率、产值利税率、成本利润率、资产负债率、总资产周转率、网点效率。

（五）现代流通业产业效益指标

现代流通业的产业效益设有经济效益和社会效益2个三级指标。经济效益用利润总额来表示。社会效益设有 7 个四级指标，包括利税总额、产业对 GDP 的贡献率、产业对就业的贡献率、产业对税收的贡献率、产业增加值对第三产业增加值的贡献率、物流效益指数、商流效益指数。其中，

产业对 GDP 的贡献率＝（产业产值/GDP）×100％

产业对就业的贡献率＝（产业就业人数/总就业人数）×100％

物流效益指数＝货运量/GDP

商流效益指数＝社会消费品总额/（消费支出总额×10％）

二、先进制造业国际竞争力评价指标体系

在评价先进制造业国际竞争力时，同样从科技创新能力、可持续发展能力、市场开拓能力、产业效率、产业效益五个方面构建评价指标体系，详见表2-4 和表 2-5。

表 2-4　现代流通业国际竞争力主要评价指标解释

一级指标	二级指标	三级指标	四级指标
先进制造业国际竞争力	科技创新能力	技术创新能力	有技术开发机构的企业数、新产品销售收入、企业技术开发机构数、自主创新企业比例、新产品销售收人占产品销售收人比例
		研发能力	R&D 经费支出、R&D 强度、R&D 经费支出占产值比例、人均 R&D 经费支出、R&D 人员数量、R&D 人员占从业人员比重

一级指标	二级指标	三级指标	四级指标
先进制造业国际竞争力	可持续发展能力	产业规模	企业单位数、产业产值、产值增加值、固定资产投资额、就业人数、人均产值、所有者权益、产品销售收入
		产业结构	先进制造业中各行业产值比重
	市场开拓能力	市场活力	产值增长率、增加值增长率、固定资产净值增长率、人均产值增长率、就业人数占总就业人数比重增长率、利润增长率、产品销售收入增长率
		市场份额	国内市场占有率、国际市场占有率、贸易竞争力指数、显示性比较优势指数
	产业效率	劳动效率	全员劳动生产率
		资本效率	资本生产率
		技术效率	技术生产率
		管理效率	总资产贡献率、总资产利润率、产值利税率、资产负债率、流动资产周转率、成本利润率
	产业效益	经济效益	利润总额
		社会效益	利税总额、先进制造业对税收的贡献率、先进制造业对GDP的贡献率、先进制造业对就业的贡献率
		环境效益	单位产值电耗、单位产值能耗、单位产值煤炭消耗

表 2-5　先进制造业国际竞争力主要评价指标介绍

指标名称	指标性质	指标单位	指标含义或意义
指标名称	指标性质	指标单位	指标含义或意义
有技术开发机构的企业数	正指标	个	反映先进制造业新产品研发能力
新产品销售收入	正指标	亿元	反映先进制造业新产品发展规模
企业技术开发机构数	正指标	个	反映先进制造业科技创新能力
自主创新企业比例	正指标	%	反映先进制造业自主创新能力
新产品销售收入占产品销售收入比例	正指标	%	反映现代制造业科技产出对销售收入的直接贡献
R&D经费支出	正指标	亿元	反映先进制造业研发能力

续表

指标名称	指标性质	指标单位	指标含义或意义
R&D 强度	正指标	%	反映先进制造业研发投入程度
R&D 经费支出占产值比例	正指标	%	反映先进制造业研发投入程度
人均 R&D 经费支出	正指标	万元/人	反映先进制造业科技创新活动规模和投入水平
R&D 人员数量	正指标	万人	反映先进制造业科技创新能力
R&D 人员占从业人员比重	正指标	%	反映先进制造业研发能力
企业单位数	正指标	个	反映先进制造业发展规模
产业产值	正指标	亿元	反映先进制造业发展规模
产业增加值	正指标	亿元	反映先进制造业发展规模
固定资产投资额	正指标	亿元	反映先进制造业资本投入规模
就业人数	正指标	万人	反映现代流通业劳动力规模
人均产值	正指标	万元	指先进制造业总产值与就业人数之比,反映先进制造业生产经营结果
所有者权益	正指标	亿元	反映先进制造业发展规模
产品销售收入	正指标	亿元	反映先进制造业发展规模
先进制造业中各行业产值比重	正指标	%	反映先进制造业结构
产值增长率	正指标	%	反映先进制造业产值增长速度
增加值增长率	正指标	%	反映先进制造业产值增加值增长速度
固定资产净值增长率	正指标	%	反映先进制造业固定资产投资额增长速度
人均产值增长率	正指标	%	反映先进制造业人均产值增长速度
就业人数占总就业人数比重增长率	正指标	%	反映先进制造业在总就业人口中地位的变化情况
利润增长率	正指标	%	反映先进制造业利润增长速度
产品销售收入增长率	正指标	%	反映先进制造业产品销售收入增长速度
国内市场占有率	正指标	%	反映先进制造业国际市场份额

指标名称	指标性质	指标单位	指标含义或意义
国际市场占有率	正指标	%	反映先进制造业国际市场份额
贸易竞争力指数	正指标	%	表示先进制造业进出口贸易的差额占进出口贸易总额的比重,越接近于1,则先进制造业竞争力越大
显示性比较优势指数	正指标	%	反映先进制造业国际市场份额相对优势
全员劳动生产率	正指标	万元/人	是先进制造业技术水平、经营管理水平、职工技术熟练程度和劳动积极性的综合表现
资本生产率	正指标	万元/人	指一定时期内单位资本存量创造的先进制造业产值,反映投资效率
技术生产率	正指标	%	指一定时期内技术创造的先进制造业产值
总资产贡献率	正指标	%	总资产贡献率＝利税总额/总资产,反映先进制造业盈利能力
总资产利润率	正指标	%	总资产利润率＝利润总额/总资产,反映先进制造业盈利能力
产值利税率	正指标	%	产值利税率＝利税总额/总产值,反映先进制造业盈利能力
资产负债率	逆指标	%	指负债总额与资产总额的比例关系,反映先进制造业负债水平和经营活动能力
流动资产周转率	正指标	%	指销售收入与流动总资产之比,反映先进制造业流动资产周转速度和销售能力
成本利润率	正指标	%	成本利润率＝利润/成本费用,反映先进制造业经营效益
利润总额	正指标	亿元	反映先进制造业经营业绩
利税总额	正指标	亿元	是先进制造业业绩和承担义务的量化
先进制造业对税收的贡献率	正指标	%	反映先进制造业对税收的贡献作用
先进制造业对GDP的贡献率	正指标	%	反映先进制造业对经济增长的贡献作用

续表

指标名称	指标性质	指标单位	指标含义或意义
先进制造业对就业的贡献率	正指标	%	反映先进制造业对就业的贡献作用
单位产值电耗	逆指标	亿千瓦时/万元	电力消费量与产业产值之比,反映能源消费水平和节能降耗状况
单位产值能耗	逆指标	吨标准煤/万元	能源消费总量与产业产值之比,反映能源消费水平和节能降耗状况
单位产值煤炭能耗	逆指标	吨/万元	煤炭消费总量与产业产值之比,反映能源消费水平和节能降耗状况

（一）先进制造业科技创新能力指标

先进制造业科技创新能力设有技术创新能力、研发能力 2 个三级指标。技术创新能力设有 5 个四级指标,包括:有技术开发机构的企业数、新产品销售收入、企业技术开发机构数、自主创新企业比例、新产品销售收入占产品销售收入。研发能力设有 R&D 经费支出、R&D 强度、R&D 经费支出占产值比例、人均 R&D 经费支出、R&D 人员数量、R&D 人员占从业人员比重等四级指标。

（二）先进制造业可持续发展能力指标

先进制造业可持续发展能力设有产业规模、产业结构 2 个三级指标。产业规模设有 8 个四级指标,分别是产业单位数、产业产值、产值增加值、固定资产投资额、就业人数、人均产值、所有者权益、产品销售收入。产业结构用先进制造业中各行业产值比重来表示。

（三）先进制造业市场开拓能力指标

先进制造业市场开拓能力设有市场活力和市场份额 2 个三级指标。市场活力包括产值增长率、产业增加值增长率、固定资产净值增长率、人均产值增长率、就业人数占总就业人数比重增长率、利润增长率、产品销售收入增长率。市场份额包括国内市场占有率、国际市场占有率、贸易竞争力指数、显示性比较优势指数等。

（四）先进制造业产业效率指标

先进制造业效率设有全员劳动生产率、资本生产率、技术生产率、管理效率 4 个三级指标。全员劳动生产率指平均每个就业人员在单位时间内生产的制造业产值,全员劳动生产率＝制造业增加值/制造业就业人数。资本生产率指一定时期内单位资本存量创造的先进制造业产值,资本生产率＝制造业增加值/固定资产投资额。技术生产率用 DEA 方法测算。管理效率下设 6 个四级指标:总资产贡献率、总资产利润率、产值利税率、资产负债率、流动资产周转率、成本利润率。

（五）先进制造业产业效益指标

产业效益设有经济效益、社会效益、环境效益 3 个三级指标。经济效益用利润总额表示。社会效益设有五个四级指标:利税总额、先进制造业对税收的贡献率、先进制造业对 GDP 的贡献率、先进制造业对就业的贡献率。其中:

先进制造业对税收的贡献率＝（先进制造业纳税总额/税收总额）×100％

先进制造业对 GDP 的贡献率＝（先进制造业产值/GDP）×100％

先进制造业对就业的贡献率＝（先进制造业从业人数/总就业人数）×100％

先进制造业环境效益可以用单位产值电耗、单位产值能耗、单位产值煤炭消耗来表示。其中:

单位产值电耗＝电力消费量/GDP

单位产值能耗＝能源消费总量/GDP

单位产值煤炭能耗＝煤炭消费总量/GDP

第四节　现代流通业与先进制造业国际竞争力
评价原则与评价方法

一、评价原则

评价指标不仅要反映现代流通业与先进制造业的国际竞争力,也要反映两者的协同发展程度,不能简单、随意地组合一些指标,应遵循一定的原则。本书认为,选取评价指标时应遵循以下原则。

（一）全面性和科学性

构建指标体系的目的,是全面了解现代流通业、先进制造业的国际竞争力及两者的协同发展状况,这就要求评价指标能够全面地反映现代流通业、先进制造业的国际竞争力及两者的协同关系。科学性原则要求指标的选取、指标权重的确定必须以经济理论为基础,以中国经济社会发展实际情况为依据,确保计算方法科学,结论可靠。

(二)可操作性和合理性

指标体系的建立应具有可操作性和合理性,这可以从两方面把握:一是统计资料、数据的可得性,相关数据和资料能从统计年鉴、数据库、文献资料或统计调查资料中获取;二是选取的数据应便于比较、分析,评出高低。例如,制造业有 28 个子行业,每个行业都要测算国际竞争力综合评价指数,包括科技创新能力评价指数、可持续发展能力评价指数、市场开拓能力评价指数、产业效率评价指数、产业效益评价指数,这就要求选取指标时应考虑可操作性和合理性,既能测算出每个行业的国际竞争力综合评价指数,又能对每个行业的评价指数进行比较,评出高低并进行排序。

(三)整体性和层次性

评价现代流通业与先进制造业的国际竞争力是一项极其复杂的系统工程,设计评价指标体系时,应该从大局出发,从整体出发,综合考虑影响现代流通业与先进制造业的因素,使评价指标体系具有涉及面广、整体性强的特点。此外,评价指标体系还应该分若干层次,并按层次递进关系选取指标,既体现指标之间的支配关系,又能消除指标间的相容性。

(四)动态性和稳定性

产业发展是一个渐进、动态的过程,所以在设计评价指标体系时要充分考虑指标体系的动态性,能反映产业的动态变化趋势。评价指标体系在反映产业动态变化趋势时,也应保持一定的稳定性,这样既有利于分析现代流通业与先进制造业发展的现状,也有利于分析其发展趋势。

二、评价方法

本书利用主成分分析法计算现代流通业与先进制造业国际竞争力综合评价指数。首先计算科技创新能力评价指数、可持续发展能力评价指数、市场开拓能力评价指数、产业效率评价指数、产业效益评价指数,然后利用上述评价指数的累计方差贡献率在方差贡献率之和中所占的比重作为权重,进行加权合成,得到现代流通业与先进制造业国际竞争力综合评价指数。

（一）数据的标准化处理

设有 n 个个体，每个个体有 p 个变量：$x_{i1},x_{i2},\cdots,x_{ip}(i=1,2,\cdots,n)$，对各个变量按下式进行标准化处理：

$$x_{ij}^* = (x_{ij} - \bar{x}_j)/s_j \tag{2-1}$$

其中，$s_j = \sqrt{\dfrac{1}{n-1}\sum_{i=1}^{n}(x_{ij} - \bar{x}_j)^2}$

$$\bar{x}_j = \frac{1}{n}\sum_{i=1}^{n}x_{ij}(i=1,2,\cdots,n,j=1,2,\cdots,p)$$

（二）计算相关系数矩阵的特征值与特征向量

变量 $X^* = (X_1^*,X_2^*,\cdots,X_p^*)$ 标准化后，计算贡献率、特征值、特征向量 $u_j = (u_{1j},u_{2j},\cdots,u_{pj})^\tau(j=1,2,\cdots,p)$，并将特征值按从大到小的顺序排列，即 $\lambda_1 \geqslant \lambda_2 \geqslant \cdots \geqslant \lambda_p \geqslant 0$。

（三）提取主成分

提取主成分时根据以下原则：特征值大于或等于 1，累计方差贡献率在 85% 以上。按方差贡献率的大小决定主成分的排序。方差贡献率的计算公式为

$$a_j = \lambda_j / \sum_{k=1}^{p}\lambda_k$$

主成分计算公式为

$$F_j = u_{1j}X_1^* + u_{2j}X_2^* + \cdots + u_{pj}X_p^* (j=1,2,\cdots,m,m<p) \tag{2-2}$$

其中，m 为主成分的个数。

（四）计算国际竞争力综合评价指数

将提取出的 m 个主成分作为变量，以方差贡献率为权数，进行加权求和，即得现代流通业国际竞争力综合评价指数和先进制造业国际竞争力综合评价指数。

$$F = a_1F_1 + a_2F_2 + \cdots + a_mF_m \tag{2-3}$$

第五节　本章小结

本章介绍了现代流通业与先进制造业国际竞争力的相关基础理论，主要包括四部分内容。

　　首先,界定了现代流通业与先进制造业的含义与特点。本书将现代流通业定义为建立在现代流通技术和先进管理方法基础上的一切从事实物商品和服务商品流通的产业的总称。将先进制造业定义为拥有先进制造技术、先进制造模式、先进营销网络组织、先进管理技术,并应用于研发设计、生产制造和服务管理全过程,取得良好的经济和社会效益的制造业的总称。

　　其次,界定了产业国际竞争力的含义,阐述了现代流通业与先进制造业国际竞争力的含义。产业国际竞争力是一种综合能力,包含竞争来源、表现、实质、结果四个层次,具体表现在科技创新能力、可持续发展能力、市场开拓能力、产业效率、产业效益五个方面。

　　再次,介绍了现代流通业与先进制造业国际竞争力的评价指标体系。从科技创新能力、可持续发展能力、市场开拓能力、产业效率、产业效益五个方面构建现代流通业与先进制造业国际竞争力评价指标体系。现代流通业的科技创新能力设有流通技术和信息化、研发能力 2 个三级指标。先进制造业的科技创新能力设有技术创新能力和研发能力 2 个三级指标。现代流通业、先进制造业的可持续发展能力设有产业规模和产业结构 2 个三级指标。现代流通业、先进制造业的市场开拓能力设有市场活力和市场份额 2 个三级指标。现代流通业、先进制造业的效率设有劳动效率、资本效率、技术效率和管理效率 4 个三级指标。现代流通业的产业效益设有经济效益和社会效益 2 个三级指标。先进制造业的产业效益设有经济效益、社会效益和环境效益 3 个三级指标。每个三级指标都有相应的四级指标支撑。

　　最后,介绍了现代流通业与先进制造业国际竞争力的评价原则与评价方法。国际竞争力的评价原则,包括全面性和科学性原则、可操作性和合理性原则、整体性和层次性原则、动态性和稳定性原则。现代流通业与先进制造业国际竞争力的评价方法为主成分分析法。

第三章　现代流通业与先进制造业
协同性基本理论研究

第一节　现代流通业与先进制造业协同性的
内涵与特点

一、现代流通业与先进制造业协同性的内涵

协同是指系统内各子系统及其构成要素之间相互影响、相互作用、相互协作、有机整合,在协同发展过程中形成合理的比例关系、结构形态、运行方式等,使复合系统的整体效应大于单个子系统的局部效应之和。

1971年,德国科学家赫尔曼·哈肯(Hermann Haken)提出了协同论,并先后出版了《协同学导论》和《高等协同学》,系统阐述了协同理论。协同论逐渐成为一种新的理论,协同学成为一门新的学科。协同论主要研究系统之间相互作用进而形成新的系统效应的过程。协同论认为宇宙、自然、人类社会是由各类系统组成的,这些系统看似无序,其实存在着共性,这些共性存在于系统环境、结构、功能或行为中。如果我们找到了系统中的共性,也就发现了一系列的系统规律和原理。在一定条件下,各种系统都能从无序转向有序,有序就是协同。协同论认为可以用数学方法来解释系统从无序到有序的协同演化过程。

现代流通业与先进制造业分属社会经济系统中不同的部门,在流通业专业化的服务与制造业的物流需求之间,需要一种资源优化配置的方式来促进两者的融合,因此,这两个隶属于社会经济的不同子系统就有了相互作

用、协同发展进而形成系统效应的趋势。

根据协同的定义及现代流通业和先进制造业的特点,我们把现代流通业与先进制造业的协同定义为两者之间优势互补、相互依存、相互协作、相互促进,形成发展方向的一致性与和谐性,以达到共同发展、共同繁荣的双赢效果。需要指出的是,现代流通业与先进制造业协同发展并不是指两个行业完全融为一体,而是指两个行业的部分职能紧密结合,形成新的运行系统,与原有系统并行不悖。

现代流通业与先进制造业的协同发展必须同时实现规模协同、分工协同、创新协同、政策协同这四个协同才能演进为高效协同状态。

（一）规模协同

先进制造业的规模决定了现代流通业的规模,先进制造业规模越大,意味着现代流通业的客户群、市场基础和作用空间越大,规模也越大。相反,如果先进制造业规模小,现代流通业的客户群、市场基础和作用空间就有限。此外,由于缺少必要的资源基础和物质技术条件,从而缺乏足够的发展动力,也会制约先进制造业的发展。只有实现现代流通业与先进制造业的规模协同,两者的高效协同才有充分的现实基础。

（二）分工协同

现代流通业的发展与流通环节从制造环节剥离有关,制造企业内部提供的流通服务转向专业的流通企业,以降低交易成本。先进制造业的发展、分工深化的需要,促进了现代流通业的发展。通过现代流通业与先进制造业的分工协同,并在分工协同基础上建立共生、互惠的关系,实现设计、生产、销售、服务的一体化运作,形成开放式的横向或纵向一体化的分工网或产业链,可以提高现代流通业与先进制造业的运行效率和竞争力,从而促进两者高效协同发展。

（三）创新协同

现代流通业与先进制造业的创新协同是指现代制造业在创新过程中,需要现代流通业提供知识保障和创新动力。现代流通业中批发、零售业直接面向最终消费者,能为先进制造业提供有效的市场需求信息,如消费者偏好、消费倾向等,这些信息成为制造业创新的动力,推动制造业革新产品,使其适销对路,满足异质化需求。同时,制造业为了实现产销环节之间的零库存衔接,将精细化生产理念应用于流通领域,要求流通业创新流通技术和流通手段。因此,现代流通业与先进制造业要实现高效协同状态,必须实现创新协同。

（四）政策协同

现代流通业和先进制造业的政策协同是指两者在发展过程中为了降低交易费用和不确定性，促进人才、资金、技术、知识在产业间的流通，要求政策之间尤其是产业政策和创新政策、主导产业政策和其他产业政策之间实现有效协同，从而提高产业竞争力。

二、现代流通业与先进制造业协同性的特点

现代流通业与先进制造业之间存在着相互补充、相互依赖、相互促进的关系。现代流通业能节约制造业成本，提供需求导向，引导制造业创新方向，为制造业升级提供强有力的支撑和服务。现代流通业和先进制造业必须实现也能够实现协同发展。

（一）互动需求：现代流通业与先进制造业基于分工的协同

现代流通业是经济发展到一定阶段从制造业延伸出来的产业，是社会分工不断细化和深化的产物，现代流通业最初的、主要的服务对象就是先进制造业。先进制造业作为一国的主导产业，其采购、生产和销售的每个环节都离不开流通服务，互动需求是两者协同关系的基础。现代物流业通过先进制造业的需求支持，取得了快速发展，扩大了规模和效益。同时，先进制造业通过现代流通业的需求支持，降低了交易成本，提升了竞争优势。现代流通业与先进制造业的互动需求随着经济发展水平的提升而呈现出扩大趋势，互动需求扩大反过来又会促进现代流通业与先进制造业的协同发展。

（二）价值增值：现代流通业与先进制造业基于价值链的协同

从价值链来看，随着流通服务逐渐从传统的生产制造过程中分离出来，制造业价值增值重心趋向于服务环节。现代流通业是价值链中的利润高端环节，是先进制造业的"第三利润源"。现代流通业与先进制造业的协同发展，能实现制造业价值创造环节不断延伸，利润创造逐渐由制造环节转向流通服务环节。在制造业研发、生产、销售等活动中，现代流通业所创造的增加值不断提高，尤其是现代流通业对先进制造业技术开发、产品设计、市场营销和广告等方面的创新支持，推动现代流通业与先进制造业在价值链上不断寻找新的结合点。现代流通业与先进制造业的协同发展，使得价值链上各节点均由效率最高的企业完成，实现价值链各个环节最大限度的增值，从而达到"共赢"的协同效应。

（三）区位集聚：现代流通业与先进制造业基于空间结构的协同

为了降低要素成本和交易成本，实现规模经济，现代流通业与先进制造业的协同发展在空间结构上具有集聚特征。由于外生要素禀赋和内生比较优势，制造企业往往会选择一定区域形成产业集聚，实现规模效应和集聚效应。随着制造企业集群对流通服务需求的增加，现代流通业需要和服务需求者进行更深层次的接触和交流，长此以往，现代流通业会形成面向先进制造业的区域集聚。发达国家经验表明，先进制造业集聚的地区，往往就是以制造业为服务对象的现代流通业的集聚区，两者形成了明显的产业集聚协同定位和嵌入机制。

第二节　现代流通业与先进制造业协同发展机理

协同与协调、协作、合作意义相似，都表示两个或者两个以上的主体，共同努力完成某一目标。协同理论认为，在一定条件下，各种系统都能从无序转向有序，即协同。协同即意味着经济系统内各子系统或区域内各子区域在共性和互补性的基础上，协作共生，自成一体，实现子系统或子区域间高效协作、高度有序的"一体化"运作和发展。在开放条件下，各产业子系统在时间、空间或功能上自发相互约束耦合，产业之间相互合作，运动方向和谐一致，就能形成协同效应。

现代流通业与先进制造业分属社会经济系统中不同的部分，在经济系统这个大环境中存在着相互影响、相互作用、合作与互补的关系。一方面，现代流通业为先进制造业提供服务，为先进制造业提供需求导向，节约制造业成本，引导制造业创新方向。另一方面，先进制造业是现代流通业发展的社会需求基础，先进制造业的发展阶段和特征直接决定了现代流通业的发展阶段和特征。

一、现代流通业促进先进制造业的作用机理

现代流通业是先进制造业的支撑，现代流通业提供的专业服务能减少先进制造业的流通成本，提高生产效率，这是现代流通业的首要功能。现代流通业反馈给制造业的市场需求信息，能引导制造企业升级换代产品，实现制造业产业结构转型，这是现代流通业的高级功能。从长远来看，现代流通

业能提高制造业的国际分工地位,在国际竞争中立于不败之地,这一功能的发挥程度取决于降低流通成本功能和引导产品升级换代功能的发挥程度。

(一)现代流通业为先进制造业提供专业服务,降低其流通费用

对于制造业而言,现代流通业的首要功能就是提供专业流通服务。为先进制造业提供专业服务,降低先进制造业的流通费用正是现代流通业的优势所在。现代流通业已由原来的末端产业不断演变为先导产业,从分工的角度来看,现代流通业的出现大大提高了生产效率。

先进制造业企业不仅依附于上游供应商,也依附于下游的销售渠道和客户,企业要降低成本,就要降低各个连接点的流通费用,实现从供应环节到销售环节的低成本运作。因此,先进制造企业需要流通企业的专业服务,降低流通费用,从而提高企业的竞争优势。

(二)现代流通业引导制造业产品升级换代,促进制造业产业转型

从产业链的角度来看,现代流通业直接面向消费者,了解消费者的需求特征,能及时掌握市场需求的变化,并将消费者需求特征和需求变化信息反馈给制造企业,引导制造企业研发新产品,提高研发能力,促进制造业转型升级。制造业如果能把设计、制造、营销等环节有效连接起来,在竞争中就更容易获得成功。

大型零售商和跨国物流企业正在不断利用其完善的销售体系和现代化的物流管理体系引导制造企业的投资和生产,尤其是现代分销批发商、第三方物流融入价值链创新活动以后,大大提高了产品更新速度,减少了制造业库存,完成了供应链流程再造,促进了制造业产业的转型升级。

(三)现代流通业有利于提升制造业国际分工地位

制造企业如果想在国际市场上占有一席之地,节约成本是必然选择。现代流通业提供的专业服务可以节省制造业流通成本,优化资源配置,增强制造业的国际竞争力。

中国是制造业大国,许多产品的国际市场占有率居世界第一。但中国不是制造业强国,许多产业没有掌握世界先进技术,竞争优势体现在利润较低的产业环节。其中一个原因是制造业还没有完全脱离"大而全、小而全"的经营模式,没有专注于核心领域的研发和生产,整体成本居高不下。作为先进制造业的支持行业,现代流通业服务能力的提升有助于制造业集中于核心技术的研发。中国企业如果控制了流通权,建立起自主流通网络渠道,获得降低流通费用的"金钥匙",就能专注于核心领域,提升在国际分工中的地位。

二、先进制造业促进现代流通业的作用机理

(一)先进制造业的发展为现代流通业的发展提供了巨大的需求空间

先进制造业的生产方式具有"迂回式"特点,这将进一步加深制造企业内部分工程度,扩大对中间服务的需求。先进制造业的发展尤其是产业集聚将直接创造物流服务需求,包括仓储、配送、货代等服务的需求。先进制造业拓展销售渠道,开展离岸贸易或国际贸易,会扩大相关商流、物流、资金流、信息流的需求,拓展现代流通业的发展空间。

随着制造业服务化趋势的明朗,先进制造业中融入的中间要素越来越多。先进制造业对流通这种中间投入要素需求的不断扩大,已经成为现代流通业发展的重要动力。

(二)制造业业务外包推动现代流通业服务创新

现代流通业与先进制造业的协同发展和创新密切相关,创新是协同发展的主要动力之一,现代流通业与先进制造业的协同演进过程就是由创新主导的创造性破坏过程。

由于存在激烈的市场竞争,制造企业需要将资源集中在价值创造中最具竞争优势的环节,于是将自身不擅长的流通业务交由专业流通企业完成。制造业为实现规模经济,要求流通业不断提高运营效率和其他投入要素的生产率。现代流通业还有可能在服务先进制造业的过程中创造出新的业务形态。

(三)先进制造业"提携"现代流通业的国际竞争力

在全球化时代,国家竞争力主要体现为产业竞争力,也就是说,一个国家在国际竞争中取得成功的关键在于产业领域的国际竞争力。当某一产业具有国际竞争力时,很可能因产业的关联性"提携"相关产业的国际竞争力。这就是产业的提升效应。要想打造某一产业的国际竞争力,提高其相关产业的国际竞争力是个有效途径。

在当前日益激烈的竞争环境下,现代流通业与先进制造业之间相互依赖、良性互动的融合态势和协同关系越来越明显。现代流通业与先进制造业协同发展,意味着实现了环境、结构、功能的和谐共生,形成发展方向的一致性与和谐性,产生 1+1>2 的协同效应,实现国民经济发展的局部最优与整体最优的最佳结合。更重要的是,现代流通业与先进制造业的协同发展,有利于提升产业国际竞争力,在国际贸易中获得最佳赢利能力。现代流通

业与先进制造业的协同机理如图 3-1 所示。

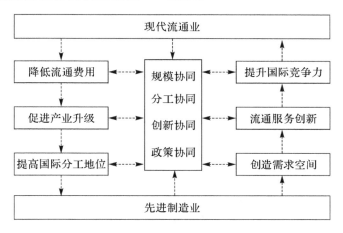

图 3-1 现代流通业与先进制造业的协同机理

第三节 现代流通业与先进制造业协同发展机制

运行机制决定着经济系统的方向,是经济系统保持活力、实现自我更新的源泉。现代流通业与先进制造业能否实现高效协同发展,需要内在的运行机制来引导。现代流通业和先进制造业处于何种发展形态,呈现出怎样的特点,未来的发展趋势是什么,完全取决于两者协同发展的运行机制,概括地讲,该运行机制包括动力机制、传导机制、保障机制和评价机制。其中,动力机制是现代流通业与先进制造业协同发展的内在驱动力和活力基础,是运行机制发挥作用的根本动力,决定着协同发展的速度。传导机制是协同运行过程中各社会主体的行为选择方式,是保证协同机制井然有序地运行的基础。保障机制是现代流通业与先进制造业协同运行机制的支撑,对协同运行机制起着激励、推动作用。评价机制主要是把握现代流通业与先进制造业协同发展的总体运行效率,预测其发展趋势,推动协同发展在正确的轨道上进行,并做到防患于未然。现代流通业与先进制造业协同发展的运行机制如图 3-2 所示。

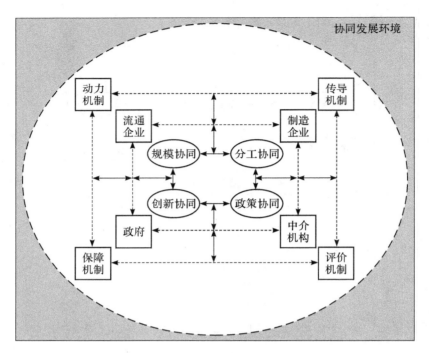

图 3-2　现代流通业与先进制造业协同发展的运行机制

一、动力机制

现代流通业与先进制造业协同发展的动力机制是指能有效激发和促进两者高效协同发展的动力来源,既包括企业追求利益最大化的内部动力,也包括来自外部环境的外部动力,如市场需求变化、市场竞争压力、政府支持力等,这些因素构成了综合的、复杂的动力机制,催化和激励着现代流通业与先进制造业不断向高效协同发展状态演进。

(一)内部动力机制

1. 利益驱动力

无论是制造企业还是流通企业,对利益的追求和实现都是促使协作的内在驱动力。实现自身利益最大化是现代流通业与先进制造业协同发展的第一目标,利益驱动是协同的最根本动力,在动力机制中起主导作用。现代流通业与先进制造业通过协同合作,可以实现技术合作、资源共享、知识流动,不仅可以提高利润,提升自身的核心竞争力,还可以扩大整个经济系统在技术、人才、市场、信息等方面的容量。

2.技术推动力

现代流通业与先进制造业核心活动的各个层次中,高效率的协同活动有赖于信息技术的推动。信息技术的广泛应用,推动了现代流通业与先进制造业在设计、生产、销售、服务上的一体化进程,提升了产业关联度,也加速了产品价值实现和资本周转,提高了协同运行效率。在技术的推动下,流通企业和制造企业都意识到专业化分工、信息资源共享、基础设施共用对提高企业竞争力、创造更大利润价值的重要意义,于是流通企业和制造企业开始自发地或者是在政府主导下寻求合作。

(二)外部动力机制

协同发展的外部动力主要包括市场需求变化、市场竞争压力和政府支持力,通过刺激、诱导、驱动等方式,对协同产生推动作用。

1.市场需求变化

市场需求是牵引现代流通业与先进制造业协同发展的主要外部动力。在市场经济中,需求对企业而言就是发展商机。一旦市场需求发生变化,企业应迅速设计一套适应市场需求变化的规划方案。这时候,无法独立完成的企业就要主动寻求外部合作,充分利用外部资源,通过合作、协调,生产出适销对路的产品与服务来应对市场需求的变化,从而提高竞争力。流通业作为一种直接面向最终消费者的产业形态,需要对不断变化的市场需求保持灵活、敏捷的适应能力,这时候往往与选择制造商签订协作计划。例如联华超市曾与 IBM 公司建立协同发展协议,利用 IBM 公司先进技术建立"下单—供货—对账"信息交换和共享系统,提高双方对市场需求的预测能力和管理能力。

2.市场竞争压力

竞争是激发协同发展的重要动力因素。在当前竞争激烈、复杂多变的环境下,企业仅凭独自运作很难在市场竞争中立于不败之地,必须寻求合作伙伴。流通企业与制造企业在资源和能力上具有异质性,更易形成战略联盟,以保证在竞争中立于不败之地。沃尔玛和宝洁公司之间的产销联盟堪称流通企业和制造企业协同发展的典范,沃尔玛为宝洁公司提供销售和库存数据,宝洁公司将此作为制订生产和销售计划的重要依据,双方还组成专门团队,负责策划、组织协作事宜,这样可以将供给与需求、生产与消费直接联系起来。

3. 政府支持力

政府对现代流通业与先进制造业协同发展的支持主要表现为政策激励和鼓励。一方面,政府行为是现代流通业与先进制造业协同发展的桥梁,能有效整合和利用社会资源。另一方面,政府通过政策激励,激发两个产业的协同欲望,尤其是技术方面的协同发展。例如,美国的STTR(小企业技术转移资助计划)、欧盟的IRC(创新驿站)和德国的PRO INNO(中小企业创新能力促进计划)等,为中小企业之间开展优势互补的技术合作和创新协同提供了资金支持。

二、传导机制

现代流通业与先进制造业分属经济系统两大子系统,企业之间存在着信息不对称,要实现两者充分、实时、无缝的信息资源共享,必须建立良好的要素和信息传导机制。良好的要素和信息传导机制是两者信息共享、业务交流、知识传递、价值传播的保障,不仅有利于企业之间在业务层面、技术层面、甚至是战略层面的信息共享和交流,也有利于提高企业之间的认知程度,促进决策的集体理性。现代流通业和先进制造业两者间传导机制的具体运作过程如下。

(一)选择合适的协同伙伴

在选择协同合作伙伴时,应综合考虑对方的竞争力,如科技创新能力、可持续发展能力、市场开拓能力、生产效率、生产效益等,还要考虑到战略、组织、生产、销售、财务等因素。在日趋激烈的竞争环境下,制造企业需要对众多经营业务进行取舍,把科技含量相对较高的核心业务掌握在手中,把流通服务交给专业流通企业完成。流通企业的竞争力水平对制造企业控制生产成本有直接影响。在选择流通企业时,不仅要求有专业化的设备、设施,配备专业管理人员和技术人员,流通企业的运作经验、流通网络、流通手段,甚至是对信息系统的投资状况都是制造企业的考虑因素。此外,协同发展过程中,市场和行政双重机制同时起作用,企业之间是否真诚合作决定了协同发展的成败,所以要选择既有实力又有诚意的合作伙伴。

(二)明确协同目标并分配任务

合作对象一旦确定,便要制定协同目标,并根据目标分配任务。在分配任务过程中,满足协同发展目标是流通企业和制造企业的首要目标。流通企业获取制造企业需求后,设计流通计划,利用自身强大的信息网络和运输网络,快速处理订单,实现货物的快速流通。在分配任务过程中,需要在协同目标和企业文化方面达成共识,尽可能保持企业自身发展目标与协同目标的高度一致。

(三)反馈信息,控制异常

现代流通业和先进制造业在协同发展中,不仅涉及单个企业自身的经营活动,也需要和其他企业进行互动和交流。例如,制造企业需将运输量、销售量、库存量、需求量等信息传递给流通企业,而流通企业需将自身的状态、客户需求变化及客户对产品的建议等信息及时反馈给制造企业,为制造企业以后的设计、生产、销售等活动提供决策支持。在信息传递和反馈过程中,环境的变化可能对协同形态带来干扰。流通企业和制造企业都需要对环境变化予以充分关注和及时应对,对变化的信息,做到精确地识别、筛选、解析和吸纳,经过处理、转换和整合,反馈给协同合作伙伴,要求对方配合并做相应调整,以防止始料未及的异常情况出现。

现代流通业与先进制造业协同发展的传导机制如图 3-3 所示。

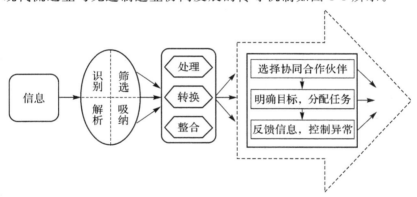

图 3-3　现代流通业和先进制造业协同发展的传导机制

三、保障机制

(一)政策保障

要实现现代流通业与先进制造业的协同发展,政府需要制定一些必要的支持性和优惠性政策,为两者的协同有序发展保驾护航。近年来,我国相继出台的流通业重点法律和规章有《国务院关于深化流通体制改革加快流通产业发展的意见》《物流业发展中长期规划(2014—2020 年)》《物流业调整和振兴规划》《直销管理条例》《商业特许经营管理条例》《关于推进快递服务制造业工作的指导意见》等。适用于制造业的重点法律和规章有《中华人民共和国清洁生产促进法》《国务院十大产业振兴规划》《装备制造业调整和振兴规划》《钢铁产业调整和振兴规划》《汽车产业发展政策》等。制造业颁布了《中华人民共和国船舶安全检查规则》《危险化学品登记注册管理规定》《汽车制造业（涂装）清洁生产标准》《家具制造业防尘防毒技术规范》等行业标准和国家标准。

2007年9月，国务院组织召开了首届全国制造业与物流业联动发展大会，这标志着我国制造业和物流业的联动发展被提到国家层面。2014年3月，商务部发布《2014年流通业发展工作要点》，强调要大力发展流通服务业，全面提高流通服务业发展水平。2014年8月出台的《国务院关于加快发展生产性服务业促进产业结构调整升级的指导意见》是国务院首次对生产性服务业发展做出的全面部署，该指导意见提出了加快发展生产性服务业的总体要求、发展导向、主要任务和政策措施。政策法规和标准体系的建设，为现代流通业与先进制造业协同发展创造了良好的环境。

（二）制度保障

在当前我国社会转型和体制改革不断深入的关键时期，应充分发挥市场配置资源的基础性作用，继续坚持市场主导和政府引导相结合，消除制约我国现代流通业与先进制造业协同发展的体制性、机制性障碍。中央和地方政府共同努力，制定产业发展政策，合理规划产业发展，营造有利于协同发展的政策体制环境。

（三）人才保障

现代流通业与先进制造业的协同发展过程中，人才是个不可忽视的因素。协同地区的人才保障，不仅有利于区域内知识的共享、溢出和吸收，而且节省了企业对劳动力的搜寻成本。高等院校、职业院校、科研院所是培养人才队伍的中坚力量，为现代流通业与先进制造业的协同发展输送高技能人才，不仅能培养酒店、物流、电子商务、会展等流通领域的专业人才和制造业所需的技工、高级技工，还能培养企业管理人员和高素质后备人员。从业人员素质的提高，离不开社会职业教育和企业培训，职业技能鉴定和培训工作是人才保障体系不可或缺的重要组成部分。此外，对既具有现代流通理念、熟悉现代流通规则，又精通现代制造企业管理和现代制造技术，既具备国际商业头脑、善于从事跨国经营，又熟悉国内外贸易投资规则和惯例的高素质复合型人才队伍,提供绿色通道,完善人才引进配套服务。人才保障机制为鼓励优秀人才脱颖而出、施展才能、实现抱负创造了条件。

四、评价机制

现代流通业与先进制造业的协同发展是一个复杂的、动态的过程,为了确保两者的协同发展沿着正确的轨道行进,需要建立一套科学、全面、操作性较强的评价机制,对现代流通业与先进制造业的协同运行过程和状态进行评价。

在现代流通业与先进制造业的协同性评价过程中,指标体系的设计是评价的核心内容,可以从现代流通业评价指标(科技创新能力、可持续发展能力、市场开拓能力、产业效率、产业效益)和先进制造业评价指标(科技创新能力、可持续发展能力、市场开拓能力、产业效率、产业效益)两大方面构建现代流通业与先进制造业协同性评价指标体系。在构建协同性评价指标体系之后,需要选择合理的评价方法。评价方法可以采用距离协调度模型、隶属函数协同度模型、灰色关联度模型等方法,建立现代流通业与先进制造业的静态协同性评价指数和动态协同性评价指数,对现代流通业与先进制造业的协同性进行客观评价。

此外,现代流通业与先进制造业协同发展过程中会产生诸多风险,不仅包括单个企业独立运行时遇到的风险,也包括在协同合作过程中产生的管理风险、沟通风险、道德风险等。管理风险涉及企业在协同过程中存在的不确定性,如流通企业的选择是否符合制造业的经营需求,利润分配是否均衡等。沟通风险主要来自因企业价值取向不同或文化差异等导致的对其他企业的不合作或不信任。道德风险则是指协同过程中可能存在的违约、违规、串通、偷懒、搭便车等行为,或者某些大型制造企业凭借其行业垄断地位,不断压榨流通企业的利润空间,导致协同效率低下,甚至造成协同体系的失败。因此,必须建立一套有效的风险预警机制,对交易双方在协同合作过程中产生的风险进行科学的控制和评测,对协同风险做出一定的预警,为政府和企业提供科学有效的决策依据。可以在对现代流通业与先进制造业的协同性进行评价的基础上,利用协同性评指数作为警情指标,运用统计预警法和模型预警法对我国现代流通业与先进制造业协同性进行监测预警分析,考察未来一段时期我国现代流通业与先进制造业的协同程度与变化态势。

第四节　现代流通业与先进制造业协同性
判断标准与测度方法

一、现代流通业与先进制造业协同性判断标准

系统是由子系统组成的,各子系统之间既相互独立,又相互协作。现代流通业与先进制造业是经济系统的组成部分,两者的协同发展程度关系着经济发展的速度和质量。研究现代流通业与先进制造业协同性的判断标准有助于正确把握其含义,也为测度现代流通业与先进制造业的协同性提供一定的理论基础。

产业国际竞争力是一种综合能力,包括科技创新能力、可持续发展能力、市场开拓能力、产业效率、产业效益。从系统学的角度来看,产业国际竞争力是综合系统,而科技创新能力、可持续发展能力、市场开拓能力、产业效率、产业效益则是组成产业国际竞争力的子系统。

因此,测度现代流通业与先进制造业的协同性时,不仅要测度两者的综合协同程度,也要测度子系统即科技创新能力、可持续发展能力、市场开拓能力、产业效率、产业效益的协同程度。根据产业国际竞争力的四个层次和五个内容,现代流通业与先进制造业协同性的判断标准可以分为科技创新能力、可持续发展能力、市场开拓能力、产业效率、产业效益五个标准。

(一)科技创新能力标准

现代流通业科技创新能力由流通技术和信息化水平、研发能力两个因素决定。首先,流通技术和信息化水平是流通业科技创新能力提升必不可少的物质技术基础,流通技术和信息化拓宽了流通业获取新技术、新产品的路径,以此获取更多开拓市场的机会。现代流通技术普及率、人均技术装备系数、固定资产投资比例、网上购物交易率、互联网普及率、互联网宽带接入端口数、电话普及率等指标能较好地反映一个地区的流通技术和信息化水平。连锁经营程度、物流配送程度能较好地反映流通业的现代化水平。

其次,研发能力是衡量科技创新能力的重要标志。流通产业要实现现代化,就必须确保在科技研发方面的投入,尤其是 R&D 资源的投入,R&D 活动是整个创新活动的核心。此外,专业技术人员是知识、智能的载体,是

研发能力提高的基础和动力。因此,R&D 经费支出、R&D 人员数量、人均 R&D 经费支出、R&D 经费支出占产值比例、R&D 强度(R&D 经费支出占产品销售收入比例)、R&D 机构数、专业技术人员数量、专业技术人员占产业就业人数比例、每万人中在校大学生数量等指标都能较好地反映现代流通业的研发能力。

先进制造业的科技创新能力主要体现在技术创新能力和研发能力两方面。衡量制造业技术创新能力的指标有:有技术开发机构的企业数、新产品销售收入、新产品产值、新产品开发项目数、新产品产值率、新产品销售收入占产品销售收入比重、专利申请量、专利拥有量、自主创新企业比例等。衡量制造业研发能力的指标有 R&D 机构数量、研发强度(R&D 经费支出占产品销售收入比例)、R&D 经费支出占产值比例、人均 R&D 经费支出、R&D 人员数量、R&D 人员占产业就业人数比重、研发人员受教育程度(研究生占研发人员的比重)等。

(二)可持续发展能力标准

可持续发展能力包括产业规模、产业结构两个方面。

现代流通业的产业规模可以用产业总产值、产值增加值、就业人数、固定资产投资额、社会消费品零售总额、商品购进总额、人均产值、亿元以上商品交易市场数量等指标来表示。现代流通业的产业结构可以用批发和零售业产值,餐饮住宿业产值,交通运输、仓储及邮电通信业产值,会展业产值,物流业产值占流通产业产值比重,以及第三方物流占物流总额比重、电子商务交易额占社会消费品零售总额比重等指标来表示。

先进制造业的产业规模可以用产业总产值、产值增加值、就业人数、固定资产投资额、产品销售收入、人均产值、出口交货值等指标来表示。先进制造业的产业结构可以用制造业中高技术产业比重、制造业出口依存度等指标来表示。

(三)市场开拓能力标准

市场开拓能力与市场活力、市场影响力、市场份额相关。市场份额包括国内市场份额和国际市场份额,国际市场份额用国际市场占有率、贸易竞争力指数、显示性比较优势指数表示。

现代流通业的市场活力指标包括产值增长率、产业增加值增长率、固定资产投资额增长率、就业人数增长率、人均产值增长率、产值占 GDP 比重增长率、就业人数占总就业人数比重增长率、社会消费品零售总额增长率、利润增长率、产品销售收入增长率、股份制企业销售额比重等。市场影响力指标包括商流影响力指数、物流影响力指数、流通先导指数等。商流影响力指数反映商流对地区经济的影响力,物流影响力指数反映物流对地区经济的影响力。商流影响力指数=(地区社会消费品零售总额/地区国内生产总值)×(全国社会消费品零售总额/国内生产总值)。物流影响力指数=(地区货运总量/地区国内生产总值)×(全国货运总量/国内生产总值)。流通先导指数=(地区消费零售额/地区国内生产总值)/(全国消费零售额/国内生产总值)。国内市场份额可以用流通业销售收入与社会消费品零售总额比例来表示。

流通业国际市场占有率即流通业进出口值占世界进出口值的比例,直接反映该产业的国际市场份额。流通业贸易竞争力指数=流通业净出口值/流通业进出口值,流通业显示性比较优势指数=(中国流通业出口值/中国服务贸易出口总值)/(世界流通业出口值/世界服务贸易出口总值),流通业显示性比较优势指数大于1,说明中国流通业具有比较优势,小于1,说明中国流通业没有优势。

先进制造业的市场活力指标包括:产值增长率、产业增加值增长率、固定资产投资额增长率、就业人员增长率、人均产值增长率、产值占GDP比重增长率、固定资产投资增长率、就业人数占总就业人数比重增长率、利润增长率、产品销售收入增长率。行业集中度=行业增加值排名前5位的行业产值/GDP。

先进制造业的国际市场占有率即先进制造业进出口值占世界进出口值的比例,直接反映制造业国际市场份额。先进制造业贸易竞争力指数=先进制造业净出口值/先进制造业进出口值,先进制造业显示性比较优势指数=(中国先进制造业出口值/中国货物贸易出口总值)/(世界先进制造业出口值/世界货物贸易出口总值),先进制造业显示性比较优势指数大于1,说明中国先进制造业具有比较优势,小于1,说明中国先进制造业没有优势。

(四)产业效率标准

现代流通业效率包括:劳动效率(产业全员劳动生产率)、资本效率(产业资本生产率)、技术效率、管理效率(总资产贡献率、总资产利润率、产值利税率、成本利润率、资产负债率、流动资产周转率、总资产周转率、网点效率、流通速度、社会物流总成本占国内生产总值比重、批发零售业库存率、单个流通企业平均销售额、单个连锁零售企业平均销售额、单个连锁餐饮企业平均营业额）。

先进制造业效率包括：劳动效率（产业全员劳动生产率）、资本效率（产业资本生产率）、技术效率、管理效率（总资产贡献率、总资产利润率、产值利税率、成本利润率、资产负债率、流动资产周转率、总资产周转率）。

（五）产业效益标准

产业效益包括经济效益和社会效益，经济效益是通过生产经营活动为企业和行业带来的经济利益，而社会效益体现了生产经营活动为社会带来的贡献。

现代流通业的经济效益指标有利润总额等。社会效益指标有税收总额、利税总额、产业对 GDP 的贡献率、产业对就业的贡献率、产业对税收的贡献率、产业增加值对第三产业增加值的贡献率等。现代流通业社会效益还体现在物流和商流带来的经济效应，用物流效益指数、商流效益指数来表示。

先进制造业的经济效益指标有利润总额等。社会效益指标有税收总额、利税总额、先进制造业对 GDP 的贡献率、先进制造业对就业的贡献率。

由于制造业是环境污染的重要来源，先进制造业的产业效益还包括环境效益。在评价产业效益时需要考虑先进制造业的能源消耗、污染排放及其对环境的影响。环境效益可以用单位产值电耗、单位产值能耗、单位产值煤炭消耗等指标来表示。

二、现代流通业与先进制造业协同性测度方法

目前，国内学者在评价经济系统协同性时，使用的方法有离差系数最小化模型、距离协调度模型、变化协调度模型、复合系统协调度模型、隶属度函数模型、灰色关联法、数据包络法等。

相对而言，灰色关联法、数据包络法不用构造变量间的函数关系，比较简单，但不能较好地反映系统内变量之间抽象又复杂的关系，在评价经济系统协同性时缺乏解释力度。

协调度模型建立了一个或一组函数关系，能清楚地反映变量众多、关系复杂的系统之间的协同状况，常被用于评价经济系统之间或内部协同性。本书选用隶属函数协同度模型作为现代流通业与先进制造业协同性的评价方法，理由如下：①隶属函数协同度模型既能测算现代流通业与先进制造业的静态协同性指数，又能测算它们的动态协同性指数，因而能比较全面地反映现代流通业与先进制造业协同状况；②隶属函数协同度模型设定协同性指数的取值范围是[0，1]，更符合社会现实，也更容易划分协同等级。某些协调度模型，如变化协调度模型，设定协同性指数的取值范围是$(-\infty，+\infty)$，这样就很难精确划分协同等级。

（一）现代流通业与先进制造业静态协同性指数测度分析

现代流通业与先进制造业静态协同性指数的测算公式如下：

$$C_s(i,j) = \frac{\min\{u(i/j), u(j/i)\}}{\max\{u(i/j), u(j/i)\}} \tag{3-1}$$

式中，$C_s(i,j)$为系统i、j之间的静态协同性指数；$u(i/j) = \exp\{-(x-\hat{x})^2/s^2\}$，为系统$i$对系统$j$的协同度；$x$为现代流通业科技创新能力评价指数、可持续发展能力评价指数、市场开拓能力评价指数、产业效率评价指数、产业效益评价指数和国际竞争力综合评价指数的实际值；s^2为i系统实际值的均方差；$\hat{x}$为现代流通业科技创新能力评价指数、可持续发展能力评价指数、市场开拓能力评价指数、产业效率评价指数、产业效益评价指数和国际竞争力综合评价指数的协调值，协调值利用 VAR 模型求得：

$$X_t = a_{10} + a_{11}X_{t-1} + \cdots + a_{1p}X_{t-p} + b_{11}Y_{t-1} + \cdots + b_{1q}Y_{t-q} \tag{3-2}$$

$$Y_t = a_{20} + a_{21}X_{t-1} + \cdots + a_{2p}X_{t-p} + b_{21}Y_{t-1} + \cdots + b_{2q}Y_{t-q} \tag{3-3}$$

如果x依次取现代流通业国际竞争力综合评价指数$F(X_t)$、先进制造业国际竞争力综合评价指数$G(Y_t)$，则得到现代流通业与先进制造业静态协同性指数$C_s(i,j)$。$C_s(i,j)$的取值范围为[0，1]。

根据目前大多数国家和国际性组织所普遍采纳的协同性等级划分标准进行划分：$0 < C_s(i,j) < 0.4$为严重不协同，$0.4 \leqslant C_s(i,j) < 0.5$为中度不协同，$0.5 \leqslant C_s(i,j) < 0.6$为轻度不协同，$0.6 \leqslant C_s(i,j) < 0.7$为弱协同，$0.7 \leqslant C_s(i,j) < 0.8$为基本协同，$0.8 \leqslant C_s(i,j) < 0.9$为比较协同，$C_s(i,j) \geqslant 0.9$为非常协同。

（二）现代流通业与先进制造业动态协同性指数测度分析

动态协同性指数主要反映现代流通业与先进制造业协同性的动态发展过程，计算公式为：

$$C_d(t) = \frac{1}{T}\sum_{k=0}^{T-1}C_s(t-k) \quad (0 < C_d(t) \leqslant 1) \tag{3-4}$$

式中，$C_s(t-T+1)$，$C_s(t-T+2)$，$\cdots$，$C_s(t-1)$，$C_s(t)$为现代流通业与先进制造业协同性指数在$(t-T)\sim t$这一时段中各个时刻的静态值。若$C_d(t_1) \geqslant$

$C_d(t_2)$，则表明现代流通业与先进制造业一直处在协同发展的轨道上。

第五节 本章小结

本章主要探讨了现代流通业与先进制造业协同性的理论基础。

首先，界定了现代流通业与先进制造业协同性的内涵和特点，将现代流通业与先进制造业的协同性定义为两者之间优势互补、相互依存、相互协作、相互促进，形成发展方向的一致性与和谐性，以达到共同发展、共同繁荣的双赢效果。现代流通业与先进制造业的协同发展必须同时实现规模协同、分工协同、创新协同、政策协同这四个协同才能演进为高效协同状态。

其次，阐述了现代流通业与先进制造业的协同发展机理。一方面，现代流通业提供的专业化服务，可以降低先进制造业的流通成本，提高产品附加值，并促进制造业产业转型升级。另一方面，先进制造业为现代流通业提供需求，现代流通业的发展规模和速度受到先进制造业发展规模和速度的制约。

再次，论述了现代流通业与先进制造业协同发展的运行机制，包括动力机制、传导机制、保障机制和评价机制。其中，动力机制是现代流通业与先进制造业协同发展的内在驱动力和活力基础，是运行机制发挥作用的根本动力，决定着协同发展的速度。传导机制是协同运行过程中各社会主体的行为选择方式，是保证协同机制井然有序地运行的基础。保障机制是现代流通业与先进制造业协同运行机制的支撑，对协同运行机制起着激励、推动作用。评价机制主要是把握现代流通业与先进制造业协同发展的总体运行效率，预测其发展趋势，推动协同发展在正确的轨道上行进，并做到防患于未然。

最后，介绍了现代流通业与先进制造业协同性的判断标准和测度方法。根据产业国际竞争力的四个层次和五个内容，提出了现代流通业与先进制造业协同性的判断标准，即科技创新能力、可持续发展能力、市场开拓能力、产业效率、产业效益五个标准。

第四章　我国现代流通业与先进制造业
国际竞争力综合评价分析

　　现代流通业与先进制造业都是复合产业,从已有文献来看,还没有明确的产业界定。因此,在分析现代流通业与先进制造业的国际竞争力之前,需要先明确现代流通业与先进制造业分别包含哪些行业。最好的办法是对现代流通业与先进制造业各子行业分别进行评价,选取国际竞争力综合评价指数排名靠前的行业作为现代流通业与先进制造业的代表。

　　由于流通业原始数据缺失严重,例如,在1990—1999年,部分数据没有按照批发、零售、住宿业分类进行统计,这些数据包括R&D经费支出、专业技术人员数量、产品销售收入、利润总额、资产总额等。交通运输、仓储及邮电通信业在1996年之前往往只有行业合成数据,没有按行业细分的统计数据。对流通业各行业分别评价比较困难。本书利用狭义的"流通业"数据进行现代流通业国际竞争力综合评价。制造业数据相对比较丰富,本书对制造业28个子行业的国际竞争力分别进行了评价,选取最终评分排名前1/3的行业为先进制造业的代表。

　　本书将产业国际竞争力作为综合系统,将科技创新能力、可持续发展能力、市场开拓能力、产业效率、产业效益作为组成该系统的子系统。评价现代流通业与先进制造业国际竞争力时,不仅计算了两者国际竞争力综合评价指数,还计算了子系统评价指数,即科技创新能力、可持续发展能力、市场开拓能力、产业效率、产业效益评价指数。

　　根据现代流通业、先进制造业的特点,以及现代流通业与先进制造业协同性的判断标准,评价现代流通业的指标体系设置了12个三级指标和46

个四级指标,评价先进制造业指标体系设置了 13 个三级指标和 48 个四级指标。在此基础上,对现代流通业与先进制造业国际竞争力进行了国内国际比较,不仅对 2004 年、2009 年、2014 年中国 30 个省区市的现代流通业与先进制造业国际竞争力进行了比较,对 1995—2014 年中、美、德、英、法、日这六个国家的现代流通业与先进制造业国际竞争力进行了比较,还对现代流通业与先进制造业的国际竞争力进行了对比分析,从中发现两者的省域差距与国别差距,为下一章的协同性测度提供数据支撑。

第一节　现代流通业国际竞争力综合评价分析

作为国民经济的先导产业和基础产业,现代流通业的发展有利于扩大内需、促进消费,是市场经济运行的助推器。改革开放以来,中国的流通业规模逐渐扩大,流通业态逐渐多样化,流通主体逐渐多元化,流通空间逐渐国际化,逐渐从末端产业演进为先导产业,多元化、多渠道、多业态的现代流通体系已基本形成。

本书利用 SPSS 17.0 软件和主成分分析法测算现代流通业国际竞争力综合评价指数。首先,对指标群中各指标进行标准化,进行 KMO 和 Bartlett's 球形度检验,剔除未通过相关系数显著性检验的指标,确保所有数据均适合进行主成分分析。其次,利用主成分分析法,对现代流通业的科技创新能力、可持续发展能力、市场开拓能力、产业效率、产业效益五个子系统分别提取出主成分。最后,以各主成分的方差贡献率所占比重作为权重,将各子系统进行加权合成,得到现代流通业国际竞争力综合评价指数。

一、数据来源与说明

本书选取 1990—2014 年批发和零售业,住宿和餐饮业,交通运输、仓储及邮电通信业的行业数据作为样本数据。数据来源于历年《中国统计年鉴》《中国科技统计年鉴》、30 个省区市的地区统计年鉴、"国研网"统计数据及《中国经济与社会发展统计数据库》等。西藏、香港、澳门、台湾地区缺失数据比较多,没有纳入本书研究范围。

1990—1993 年现代流通业部分数据缺失,这些数据包括总资产、利润总额、负债、产品销售成本、税收总额等,1990—1995 年运输服务贸易进出口值也缺失。在估计这些缺失值时,本书用 Excel 软件中"指数趋势法"来估计。

这是因为时间序列数据在变动时具有明显的趋势,并且这一趋势有一定的规律,利用趋势法估计能较好地反映数据的变化趋势。在估计缺失值时,分别尝试了线性趋势法、对数趋势法、指数趋势法、乘幂趋势法等,发现指数趋势法能更好地描述时间序列的变化规律,符合实际情况,拟合程度最好。以现代流通业总资产为例,利用 1990—2014 年数据绘制了线性趋势线、对数趋势线、指数趋势线、乘幂趋势线(见图 4-1)。由图 4-1 可知,相对于线性趋势法、对数趋势法、乘幂趋势法而言,指数趋势线与实际值最接近,是最佳拟合方法。

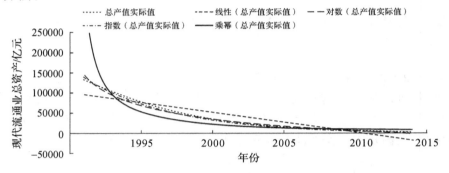

图 4-1　1990—2014 年现代流通业总资产实际值及趋势线

其他个别年份缺失的数据,如 2004 年的商品购进总额,本书用 SPSS 软件的线性插值法来补全。

此外,评价指标体系中的个别逆指标,如资产负债率,本书利用倒数法将逆指标转换成了正指标。

二、现代流通业国际竞争力评价过程

(一)KMO 和 Bartlett's 球形度检验

KMO 和 Bartlett's 球形度检验主要用于比较变量间简单相关系数和偏相关系数,从而判断变量是否适宜进行主成分分析。根据 KMO 和 Bartlett's 球形度检验结果,对原指标体系进行一一筛选,删除没有通过 KMO 和 Bartlett's 球形度检验的指标,以保证所有变量均适合做主成分分析。调整后的现代流通业国际竞争力评价指标如表 4-1 所示。

表 4-1　调整后的现代流通业国际竞争力评价指标

子系统	指　标
科技创新能力	$R\&D$ 经费支出(X_{11})、$R\&D$ 人员数(X_{12})、人均 $R\&D$ 经费支出(X_{13})、$R\&D$ 经费支出占产值比例(X_{14})、$R\&D$ 强度(X_{15})、$R\&D$ 机构数量(X_{16})、电话普及率(X_{17})、专业技术人员占产业就业人数比例(X_{18})、每千万人在校大学生数量(X_{19})
可持续发展能力	产业产值(X_{21})、产业增加值(X_{22})、社会消费品零售总额(X_{23})、固定资产投资额(X_{24})、就业人数(X_{25})、商品销售总额(X_{26})、商品购进总额(X_{27})、人均产值(X_{28})
市场开拓能力	产值增长率(X_{31})、产业增加值增长率(X_{32})、固定资产投资额增长率(X_{33})、就业人数增长率(X_{34})、人均产值增长率(X_{35})、利润增长率(X_{36})、产品销售收入增长率(X_{37})、国际市场占有率(X_{38})、贸易竞争力指数(X_{39})、显示性比较优势指数(X_{310})
产业效率	总资产贡献率(X_{41})、总资产利润率(X_{42})、产值利税率(X_{43})、资产负债率(X_{44})、总资产周转次数(X_{45})、成本利润率(X_{46})、劳动生产率(X_{47})、资本生产率(X_{48})、技术效率(X_{49})、网点效率(X_{410})
产业效益	利润总额(X_{51})、利税总额(X_{52})、产业对 GDP 贡献率(X_{53})、产业对第三产业贡献率(X_{54})、产业增加值对第三产业贡献率(X_{55})、产业对就业贡献率(X_{56})、产业对税收的贡献率(X_{57})、物流效益指数(X_{58})、商流效益指数(X_{59})

现代流通业的科技创新能力、可持续发展能力、市场开拓能力、产业效率、产业效益各子系统的 KMO 和 Bartlett's 球形度检验结果见表 4-2。

表 4-2　现代流通业子系统 KMO 和 Bartlett's 球形度检验结果

子系统	KMO 度量	Bartlett's 球形度检验		
		Approx Chi-Square	df	p
科技创新能力	0.781	432.406	36	0.000
可持续发展能力	0.702	669.62	28	0.000
市场开拓能力	0.612	410.593	36	0.007
产业效率	0.649	424.178	45	0.000
产业效益	0.693	604.893	36	0.000

根据 KMO 和 Bartlett's 球形度检验的结果,我们发现调整后的现代流通业科技创新能力、可持续发展能力、市场开拓能力、产业效率、产业效益各

子系统指标的 KMO 值均大于 0.6，Bartlett 球形度检验的伴随概率小于显著性水平 0.05，因而拒绝 Bartlett 的球形度检验的原假设，认为各变量间的独立性假设不成立，适宜进行主成分分析。

（二）变量的描述性统计

现代流通业的科技创新能力、可持续发展能力、市场开拓能力、产业效率、产业效益各子系统指标的描述性统计结果如表 4-3 所示。

表 4-3　现代流通业各变量的描述性统计

子系统	变量（指标）	最小值	最大值	均值	标准差
科技创新能力（X_1）	R&D 经费支出（X_{11}）	4.44	26.09	10.6644	6.3791
	R&D 人员数（X_{12}）	0.12	2.45	0.9008	0.8175
	人均 R&D 经费支出（X_{13}）	0.22	1.08	0.5540	0.2527
	R&D 经费支出占产值比例（X_{14}）	0.00	0.29	0.1096	0.1126
	R&D 强度（X_{15}）	0.00	0.07	0.0220	0.0233
	R&D 机构数（X_{16}）	0.24	1.61	0.8984	0.4949
	电话普及率（X_{17}）	0.11	11.23	4.2960	3.9033
	专业技术人员占产业就业人数比例（X_{18}）	2.61	9.20	5.6808	2.2980
	每千万人在校大学生数量（X_{19}）	0.18	1.86	0.8780	0.6501
可持续发展能力（X_2）	产业产值（X_{21}）	2567.20	102164.00	33018.0892	30828.6490
	产业增加值（X_{22}）	2737.83	102076.00	32459.4796	30010.1879
	社会消费品零售总额（X_{23}）	8300.10	262394.00	77796.9280	76589.9862
	固定资产投资额（X_{24}）	249.94	65246.00	14867.6384	18359.6571
	就业人数（X_{25}）	1312.20	2765.00	1901.7560	570.7576
	商品销售总额（X_{26}）	11882.00	541319.80	148940.0120	155341
	商品购进总额（X_{27}）	8221.00	493664.00	122145.4080	145080
	人均产值（X_{28}）	9836.02	577585.76	215597.3468	201714
市场开拓能力（X_3）	产值增长率（X_{31}）	3.81	50.84	17.0056	10.2107
	产业增加值增长率（X_{32}）	4.25	35.04	15.9996	7.6378
	固定资产投资额增长率（X_{33}）	4.15	85.95	27.1964	20.4790

子系统	变量(指标)	最小值	最大值	均值	标准差
市场开拓能力(X_3)	就业人数增长率(X_{34})	−11.45	68.07	18.3200	14.9940
	人均产值增长率(X_{35})	−11.45	68.07	18.6458	15.2258
	利润增长率(X_{36})	−14.66	64.22	11.7356	15.7908
	产品销售收入增长率(X_{37})	−87.82	767.49	45.8724	153.2919
	国际市场占有率(X_{38})	1.27	14.66	6.7444	4.4175
	贸易竞争力指数(X_{39})	−0.82	−0.13	−0.4720	0.2024
	显示性比较优势指数(X_{310})	0.12	1.15	0.6404	0.3460
产业效率(X_4)	总资产贡献率(X_{41})	5.70	23.06	12.7624	6.6608
	总资产利润率(X_{42})	5.25	22.05	12.1092	6.4856
	产值利税率(X_{43})	6.54	43.58	23.6736	11.2468
	资产负债率(X_{44})	1.25	1.56	1.3300	0.0815
	总资产周转次数(X_{45})	0.46	4.60	2.6224	1.1446
	成本利润率(X_{46})	4.19	11.60	7.3988	2.5087
	劳动生产率(X_{47})	1.05	51.45	20.1760	18.0145
	资本生产率(X_{48})	1.58	10.95	3.9756	2.3782
	技术效率(X_{49})	0.84	1.00	0.9308	0.0630
	网点效率(X_{410})	0.03	19.97	6.9468	6.8792
产业效益(X_5)	利润总额(X_{51})	9.89	373.55	95.2876	117.7252
	利税总额(X_{52})	10.75	398.22	100.8184	125.4249
	产业对 GDP 贡献率(X_{53})	12.61	18.36	15.8320	2.1084
	产业对第三产业贡献率(X_{54})	33.38	50.39	41.3440	4.9156
	产业增加值对第三产业贡献率(X_{55})	35.69	50.39	41.6758	4.7266
	产业对就业贡献率(X_{56})	10.52	18.69	14.1987	3.1509
	产业对税收贡献率(X_{57})	0.49	3.98	1.4624	0.8906
	物流效益指数(X_{58})	6.90	51.99	16.7220	12.4395
	商流效益指数(X_{59})	0.76	1.32	0.9228	0.1496

(三)提取子系统主成分

利用 SPSS17.0 软件提取主成分,提取的标准是各主成分特征值大于 1 且累计方差贡献率达到 85％以上。各子系统主成分的特征值、贡献率和累计贡献率见表 4-4。

表 4-4　现代流通业各子系统主成分的特征值和贡献率

子系统	主成分	提取主成分		
		特征值	贡献率/％	累计贡献率/％
科技创新能力	1	7.085	78.722	78.722
	2	1.227	13.631	92.353
可持续发展能力	1	6.983	87.287	87.287
市场开拓能力	1	3.737	37.374	37.374
	2	1.944	29.439	66.813
	3	1.114	17.145	83.958
产业效率	1	5.883	58.832	58.832
	2	1.965	19.652	78.485
	3	1.002	10.022	88.506
产业效益	1	5.335	59.281	59.281
	2	2.145	23.832	83.113
	3	1.267	14.081	97.194

由表 4-4 可知,各子系统主成分的特征值均大于 1,且各主成分的累计方差贡献率达到 85％以上,符合主成分提取标准。

三、现代流通业国际竞争力评价结果

(一)现代流通业子系统国际竞争力评价结果

根据子系统主成分因子得分值及其方差贡献率测算出权重,与标准化后的子系统各指标相乘,得到现代流通业各子系统的评价指数,即科技创新能力评价指数 $F(X_{1t})$、可持续发展能力评价指数 $F(X_{2t})$、市场开拓能力评价指数 $F(X_{3t})$、产业效率评价指数 $F(X_{3t})$、产业效益评价指数 $F(X_{5t})$。现代流通业国际竞争力综合评价指数见表 4-5 和图 4-2。

表 4-5 现代流通业国际竞争力综合评价指数

年份	科技创新能力 评价指数 $F(X_{1t})$	可持续发展 能力评价指数 $F(X_{2t})$	市场开拓能力 评价指数 $F(X_{3t})$	产业效率 评价指数 $F(X_{4t})$	产业效益 评价指数 $F(X_{5t})$
1990	0.2002	−0.8504	−0.2142	−0.9948	−0.1276
1991	0.1850	−0.8311	0.0454	−1.0717	−0.2904
1992	0.4225	−0.8178	0.0359	−0.9236	−0.3361
1993	0.6590	−0.7910	−0.2559	−1.0888	−0.4859
1994	0.7858	−0.7373	0.0708	−1.0546	−0.6416
1995	0.8516	−0.7010	−0.3335	−0.9962	−0.6116
1996	1.1201	−0.6726	−0.2146	−1.0123	−0.6159
1997	0.6413	−0.6364	−0.4089	−1.3790	−0.6091
1998	0.6497	−0.5547	−0.9228	−1.7170	−0.5742
1999	0.7012	−0.5170	−0.4548	−1.6172	−0.5820
2000	0.2667	−0.4592	−0.2838	−1.3262	−0.5596
2001	−0.0075	−0.3562	−0.5213	−1.2853	−0.4377
2002	−0.3134	−0.2867	−0.1222	−1.0027	−0.3495
2003	−0.4768	−0.2072	0.1088	−1.1342	−0.3687
2004	−0.4792	−0.0507	0.2346	1.2686	−0.1630
2005	−0.4169	0.0839	−0.0848	1.5812	−0.0103
2006	−0.4167	0.2294	0.0801	1.7401	0.0576
2007	−0.2435	0.2466	0.1815	2.1199	0.1445
2008	−0.2123	0.6338	1.3273	2.5812	0.5294
2009	−0.4609	0.7834	−0.1060	1.7414	0.6193
2010	−0.4922	1.1549	0.2885	1.7262	0.7953
2011	−0.4551	1.4810	0.5656	1.7949	0.8972
2012	−0.4539	1.7731	0.2302	1.5838	1.0029
2013	0.1278	2.0831	0.7046	1.3601	1.2643
2014	−0.0264	1.9816	0.0495	1.3633	1.2933

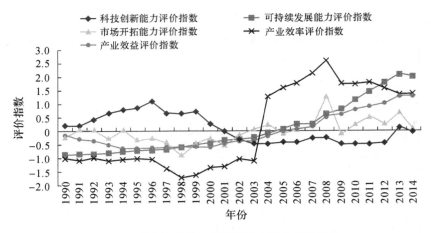

图 4-2　现代流通业各国际竞争力综合评价指数

表 4-5 和图 4-2 反映了现代流通业各国际竞争力综合评价指数及其变化趋势。1990—2014 年，中国现代流通业可持续发展能力评价指数 $F(X_{2t})$、产业效率评价指数 $F(X_{4t})$、产业效益评价指数 $F(X_{5t})$ 呈现出明显的上升趋势。现代流通业可持续发展能力评价指数 $C_s(x,y)$ 从 1990 年的 −0.8504 上升到 2014 年的 1.9816，产业效率评价指数 $F(X_{4t})$ 从 1990 年的 −0.9948 上升到 2014 年的 1.3633，产业效益评价指数 $F(X_{5t})$ 从 1990 年的 −0.1276 上升到 2014 年的 1.2933，说明这一阶段中国现代流通业在可持续发展能力、产业效率、产业效益方面发展势头良好，呈现稳步上升趋势。

科技创新能力评价指数 $F(X_{1t})$ 呈现出下降趋势，从 1990 年的 0.5354 下降到 2013 年的 −0.0686，虽然在 1992—1996 年出现上升趋势，但在 1998 年以后下降趋势比较明显。不过可喜的是，2011 年开始，呈现缓慢的上升趋势。科技创新能力评价指数 $F(X_{1t})$ 呈现出下降趋势，可能与指标体系中 R&D 人员、R&D 经费支出占产值比例、R&D 经费支出占销售收入比例、每千万人在校大学生数量等指标的下降有关。科技创新能力评价指数的下降，反映出中国现代流通业整体创新能力表现不足。

市场开拓能力评价指数 $F(X_{3t})$ 呈现微弱的上升趋势，但上升趋势不明显，这可能与该子系统中指标变化趋势有关。1990—2000 年中国现代流通业的产值增长率、产业增加值增长率、固定资产投资额增长率、从业人员增长率呈现下降趋势，且下降趋势比较明显；2002—2014 年产业对就业贡献增长率、利润增长率、产品销售收入增长率呈现下降趋势。产业对 GDP 贡献增长率呈现上升趋势。总之，市场开拓能力的各项指标有的呈现上升趋势，有的呈现下降趋势,导致了市场开拓能力评价指数没有呈现明显的上升趋势。市场开拓能力评价指数上升趋势不明显,反映出中国现代流通业在市场开拓方面没有起到应有的作用,也没有完全发挥现代流通业的先导作用。

（二）现代流通业国际竞争力综合评价结果

计算现代流通业国际竞争力综合评价指数时,以各子系统评价指数的累计方差贡献率在方差贡献率之和中所占的比重作为权重,与子系统评价指数进行加权合成,得到现代流通业国际竞争力综合评价指数 $F(X_t)$。现代流通业国际竞争力综合评价指数见表 4-6 和图 4-3。

表 4-6　现代流通业国际竞争力综合评价指数

年份	现代流通业国际竞争力综合评价指数 $F(X_t)$
1990	-0.3876
1991	-0.3889
1992	-0.3199
1993	-0.3856
1994	-0.3150
1995	-0.3520
1996	-0.2732
1997	-0.4717
1998	-0.6091
1999	-0.4858
2000	-0.4697
2001	-0.5160
2002	-0.4161
2003	-0.4211
2004	0.1501
2005	0.2240
2006	0.3291
2007	0.4806
2008	0.9505

年份	现代流通业国际竞争力综合评价指数 $F(X_t)$
2009	0.5147
2010	0.6892
2011	0.8475
2012	0.8231
2013	1.1041
2014	0.9371

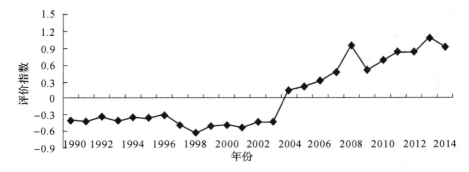

图 4-3　现代流通业国际竞争力综合评价指数

　　表 4-6 和图 4-3 反映了现代流通业国际竞争力综合评价指数及其发展趋势。从现代流通业国际竞争力综合评价指数的变化趋势来看,该指数从 1990 年的-0.3876 上升到 2014 年的 0.9371,总体上保持增长趋势,这说明中国现代流通业呈现出良好的发展态势,规模逐渐扩大,结构趋向合理,经济效益逐年增加,对促进国民经济持续健康发展发挥了重要的作用。

　　1990 年以来,无论是发展规模、发展速度还是发展质量,中国现代流通业均保持着健康的发展趋势,发展快、活力强,成为市场化程度高、发展特色鲜明的重要产业部门。随着改革开放步伐的加快,中国现代流通业的组织形式逐渐走向多样化,现代流通方式日益普及。传统的集散市场、专营市场不断改造升级,重新焕发生机和活力。新型流通组织形式如仓储式商场、购物中心、专卖店、专业店、大卖场等日益普及,发展迅速。连锁经营、电子商务和物流配送的发展,迅速提升了流通业的信息化和网络化水平。

第二节　先进制造业国际竞争力综合评价分析

先进制造业是国民经济的支柱产业,也是提高国家竞争优势、走向世界制造强国的战略性产业,在国民经济中的地位举足轻重。经过多年的快速发展,中国先进制造业取得了长足发展,产业规模明显增大,产业结构趋向优化,产业效益进一步提高。

到目前为止,先进制造业还没有统一解释和产业界定。在测算先进制造业国际竞争力综合评价指数之前,需要明确什么是先进制造业。按照国民经济分类,制造业共包含 28 个子行业,分别为:①农副食品加工业;②食品制造业;③酒、饮料和精制茶制造业;④烟草制品业;⑤纺织业;⑥纺织服装、鞋、帽制造业;⑦皮革、毛皮、羽毛(绒)及其制品业;⑧木材加工及木、竹、藤、棕、草制品业;⑨家具制造业;⑩造纸及纸制品业;⑪印刷和记录媒介复制业;⑫文教、工美、体育和娱乐用品制造业;⑬石油加工、炼焦及核燃料加工业;⑭化学原料及化学制品制造业;⑮医药制造业;⑯化学纤维制造业;⑰橡胶制品业;⑱塑料制品业;⑲非金属矿物制品业;⑳黑色金属冶炼及压延加工业;㉑有色金属冶炼和压延加工业;㉒金属制品业;㉓通用设备制造业;㉔专用设备制造业;㉕交通运输设备制造业;㉖电气机械和器材制造业;㉗计算机、通信和其他电子设备制造业;㉘仪器仪表及文化、办公用机械制造业等。

本书利用 1990—2014 年数据,依次对制造业 28 个子行业的科技创新能力、可持续发展能力、市场开拓能力、产业效率、产业效益各子系统指标群进行主成分分析,得出上述 28 个制造业子行业国际竞争力综合评价指数。在此基础上,对各年份赋以权重 $(t/\sum t, t = 1,2,\cdots,24)$,时间越近,权重越大,时间越远,权重越小,得出制造业 28 个子行业的最终评分,取排名前 1/3 的行业为先进制造业。

一、数据来源与说明

本书使用数据来源于 1990—2015 年的《中国统计年鉴》、《中国工业经济统计年鉴》、《中国科技统计年鉴》、《工业企业科技活动年鉴》、《中国环境统计年鉴》、30 个省区市的地区统计年鉴、"国研网"统计数据及《中国经济与社会发展统计数据库》等。西藏、香港、澳门、台湾地区缺失数据比较多,没有纳入本书研究范围。

制造业许多子行业的名称或统计口径发生了变化,本书在统计时一一进行了比较与核实,以保证统计口径的一致性和数据的可比性。例如,酒、饮料和精制茶制造业原为饮料制造业,石油加工、炼焦及核燃料加工业原为石油加工及炼焦业,纺织服装、鞋、帽制造业原为服装及其他纤维制品制造业,计算机、通信和其他电子设备制造业原为电子及通信设备制造业。

2012 年开始,制造业部分行业的统计口径发生了变化。交通运输设备制造业分为两个行业,一是铁路、船舶、航空航天和其他运输设备制造业,二是汽车制造业,本书在统计时将两个行业数据相加合并。仪器仪表制造业与文化、办公用机械制造业的统计口径也发生了变化,分为仪器仪表制造业和文化、办公用机械制造业两个行业,本书在统计时将两个行业数据相加合并。橡胶制品业和塑料制品业合并为一个行业,即橡胶塑料业。文教、工美、体育和娱乐用品制造业在部分年份分为文教体育用品和工艺品及其他制造业,本书在统计时将两行业数据相加合并。

1990—1994 年的统计年鉴中未出现食品加工业、通用设备制造业、专用设备制造业的相关数据;1990—1993 年,交通运输设备制造业,电气机械和器材制造业,计算机、通信和其他电子设备制造业,仪器仪表及文化、办公用机械制造业等行业的所有者权益和负债合计数据缺失,针对这些数据缺失,本书用 Excel 软件中"指数趋势法"来估计。

其他个别年份缺失的数据,如 2004 年部分行业的增加值,本书用 SPSS 软件的线性插值法来补全。

此外,评价指标体系中存在个别逆指标,本书利用倒数法将逆指标转换成正指标。这些逆指标包括:资产负债率、单位产值能耗、单位产值电耗、单位产值煤炭消耗。

二、先进制造业 28 个子行业评价及先进制造业选取

本书利用 SPSS 17.0 软件和主成分分析法测算出制造业 28 个子行业的国际竞争力子系统评价指数和国际竞争力综合评价指数。对 28 个子行业的综合评价指数赋以时间权重,将各行业历年的综合评价指数乘以时间权重 $(t/\sum t, t = 1, 2, \cdots, 24)$,即得 28 个子行业的国际竞争力最终评分(见表 4-7)。

表 4-7　制造业各行业国际竞争力的最终评分

排名	行业	最终评分
1	仪器仪表及文化、办公用机械制造业	0.2981
2	医药制造业	0.2929
3	电气机械和器材制造业	0.2911
4	计算机、通信和其他电子设备制造业	0.2873
5	通用设备制造业	0.2832
6	交通运输设备制造业	0.2806
7	专用设备制造业	0.2806
8	化学原料及化学制品制造业	0.2805
9	烟草制品业	0.2802
10	纺织业	0.2680
11	皮革、毛皮、羽毛(绒)及其制品业	0.2650
12	有色金属冶炼和压延加工业	0.2646
13	木材加工及木、竹、藤、棕、草制品业	0.2625
14	橡胶制品业	0.2459
15	家具制造业	0.2438
16	金属制品业	0.2413
17	文教、工美、体育和娱乐用品制造业	0.2331
18	非金属矿物制品业	0.2199
19	造纸及纸制品业	0.2186
20	印刷和记录媒介复制业	0.2172
21	黑色金属冶炼及压延加工业	0.1998
22	食品制造业	0.1972
23	农副食品加工业	0.1968
24	纺织服装、鞋、帽制造业	0.1953
25	塑料制品业	0.1719
26	酒、饮料和精制茶制造业	0.1691
27	石油加工、炼焦及核燃料加工业	0.1685
28	化学纤维制造业	0.1521

根据表4-7,本书选取最终评分排名前1/3的行业为先进制造业,它们分别是:①仪器仪表及文化、办公用机械制造业;②医药制造业;③电气机械和器材制造业;④计算机、通信和其他电子设备制造业;⑤通用设备制造业;⑥交通运输设备制造业;⑦专用设备制造业;⑧化学原料及化学制品制造业。烟草制品业的最终评分虽然进入前1/3,但是烟草制品业是国家控制行业,日益严格的控烟政策下的发展情况不能科学反映整个制造业的发展态势,因此本书没有将它纳入先进制造业范畴。

本书选取这8个先进制造业为研究对象,主要基于以下理由。

(1)这8个行业在制造业中占重要地位,对制造业做出了重要贡献。以2013年为例,这8个先进制造业的产业总产值占制造业总产值的44.26%,资产占制造业总资产的47.28%,就业人数占制造业总就业人数的47.28%,因而,这8个行业在制造业中地位特殊,贡献大,对制造业的发展具有重要影响。

(2)这8个行业的发展特点、发展趋势和发展潜力代表了先进制造业乃至国民经济发展方向。随着智能化仪表及系统的普遍应用,仪器仪表制造业在促进传统产业转型升级、提高产品质量、优化工业系统控制策略等方面发挥着日益重要的作用,特别是高精度、高性能的智能化测量仪表和控制系统反映了先进制造业智能化、敏捷化、精密化的发展趋势。医药制造业是知识、技术密集型行业,是自主创新的重点领域,也是关系人民生活健康的关键行业,在政策支持和市场需求推动下,有无限的发展潜力。电气机械和器材制造业是培育战略新兴产业的重点领域,其发展水平直接反映了一个国家或地区的工业发展水平,在工业化进程中承担着极为重要的责任。计算机、通信和其他电子设备制造业是反映工业竞争力乃至国民经济竞争力的重要指标性行业,已发展为国民经济的第一支柱产业。通用设备制造业是装备制造业的基础性行业,专用设备制造业是装备制造业的上游产业,两者都对技术水平、科研投入有很高的要求,高档数控机床、关键基础零部件等是高端装备制造业领域中的重点发展方向。交通运输设备制造业是近年来竞争优势提升最快的行业之一,其中高速铁路成为我国具有典型意义的自主创新产品,向海外输出高铁是中国技术输出的重点内容。仪器仪表及文化、办公用机械制造业,医药制造业,计算机、通信和其他电子设备制造业是高技术行业,国家对高技术产业的支持将给这些产业带来广阔的发展空间。《中国制造2025》《"十三五"国家科技创新规划》《国家创新驱动发展战略纲要》《国家中长期科学和技术发展规划纲要(2006—2020年)》等文件的出台给仪器仪表及文化、办公用机械制造业,医药制造业,电气机械和器材制造业,计算机、通信和其他电子设备制造业,通用设备制造业,交通运输设备制造业,以及专用设备制造业提供了强有力的保障和支持。化学原料及化学制品制造业是传统产业,在传统产业转型升级过程中,在绿色生产、发展循环经济等方面承担着极为重要的责任。

三、先进制造业国际竞争力评价过程

同现代流通业一样,首先,对先进制造业指标群中各指标进行标准化,然后进行 KMO 和 Bartlett's 球形度检验,剔除未通过相关系数显著性检验的指标,确保所有数据均适合主成分分析。其次,利用主成分分析法,对先进制造业的科技创新能力、可持续发展能力、市场开拓能力、产业效率、产业效益五个子系统分别提取出主成分。最后,以各主成分的方差贡献率所占比重作为权重,将各子系统进行加权合成,得到先进制造业国际竞争力综合评价指数。

（一）KMO 和 Bartlett's 检验

根据 KMO 和 Bartlett's 球形度检验结果,对先进制造业原指标体系进行调整,调整后的评价指标如表 4-8 所示。

表 4-8　调整后的先进制造业国际竞争力评价指标

子系统	指　标
科技创新能力 （Y_1）	有技术开发机构的企业数（Y_{11}）、新产品销售收入（Y_{12}）、R&D 经费支出（Y_{13}）、R&D 人员（Y_{14}）、企业技术开发机构数（Y_{15}）、自主创新比例（Y_{16}）、新产品销售收入占产品销售收入比重（Y_{17}）、人均 R&D 经费支出（Y_{18}）、R&D 人员占从业人员比重（Y_{19}）、R&D 强度（Y_{110}）
可持续发展能力 （Y_2）	企业单位数（Y_{21}）、产业总产值（Y_{22}）、产值增加值（Y_{23}）、固定资产投资额（Y_{24}）、固定资产净值（Y_{25}）、就业人数（Y_{26}）、所有者权益（Y_{27}）、产品销售收入（Y_{28}）、人均产值（Y_{29}）
市场开拓能力 （Y_3）	产值增长率（Y_{31}）、产业增加值增长率（Y_{32}）、固定资产净值增长率（Y_{33}）、就业人数增长率（Y_{34}）、人均产值增长率（Y_{35}）、利润增长率（Y_{36}）、产品销售收入增长率（Y_{37}）、国际市场占有率（Y_{38}）、贸易竞争力指数（Y_{39}）、显示性比较优势指数（Y_{310}）

续表

子系统	指　标
产业效率 (Y_4)	总资产贡献率(Y_{41})、总资产利润率(Y_{42})、产值利税率(Y_{43})、资产负债率倒数(Y_{44})、流动资产周转率(Y_{45})、成本利润率(Y_{46})、产品销售率(Y_{47})、劳动生产率(Y_{48})、资本生产率(Y_{49})、技术效率(Y_{410})
产业效益 (Y_5)	利润总额(Y_{51})、利税总额(Y_{52})、产业对 GDP 的贡献率(Y_{53})、产业对就业的贡献率(Y_{54})、产业对第二产业就业的贡献率(Y_{55})、产业对税收的贡献率(Y_{56})、单位产值能耗(Y_{57})、单位产值电耗(Y_{58})、单位产值煤炭能耗(Y_{59})

先进制造业科技创新能力、可持续发展能力、市场开拓能力、产业效率、产业效益各子系统的 KMO 和 Bartlett's 球形度检验结果见表4-9。

表 4-9　先进制造业子系统 KMO 和 Bartlett's 球形度检验结果

子系统	KMO 度量	Bartlett's 球形度检验		
		Approx Chi-Square	df	p
科技创新能力	0.676	430.347	45	0
可持续发展能力	0.851	895.125	36	0
市场开拓能力	0.628	268.104	45	0
产业效率	0.652	449.958	45	0
产业效益	0.746	629.688	36	0

KMO 和 Bartlett's 球形度检验的结果显示,先进制造业科技创新能力、可持续发展能力、市场开拓能力、产业效率、产业效益各子系统指标的 KMO 值均大于 0.6,Bartlett's 球形度检验的伴随概率小于显著性水平 0.05,因而拒绝 Bartlett's 球形度检验的原假设,认为各变量间的独立性假设不成立,适宜做主成分分析。

（二）变量的描述性统计

先进制造业的科技创新能力、可持续发展能力、市场开拓能力、产业效率、产业效益各子系统指标的描述性统计结果如表 4-10 所示。

表 4-10　先进制造业各子系统变量的描述性统计

子系统	变量（指标）	最小值	最大值	均值	标准差
科技创新能力（Y_1）	有技术开发机构的企业数（Y_{11}）	3316.00	27691.00	8773.2800	7355.1428
	新产品销售收入（Y_{12}）	459.00	9678.00	3309.2000	2597.9826
	R&D 经费支出（Y_{13}）	4345.00	59960.00	23392.5200	16187.4442
	R&D 人员（Y_{14}）	448.00	2379.00	1053.4000	559.0031
	企业技术开发机构数（Y_{15}）	3846.00	34131.00	10445.4400	9071.8352
	自主创新比例（Y_{16}）	3.00	21.00	8.0000	5.2520
	新产品销售收入占产品销售收入比重（Y_{17}）	2.00	19.00	7.0800	6.2043
	人均 R&D 经费支出（Y_{18}）	210.00	3763.00	1003.0000	770.5648
	R&D 人员占从业人员比重（Y_{19}）	2.00	6.00	4.2800	1.3699
	R&D 强度（Y_{110}）	0.09	1.63	0.5628	0.5433
可持续发展能力（Y_2）	企业单位数（Y_{21}）	50670.00	160146.00	104876.7600	34890.1913
	产业总产值（Y_{22}）	6741.00	433222.00	119069.1600	135997.0000
	产值增加值（Y_{23}）	1557.00	104773.00	28367.7600	31662.6541
	固定资产投资额（Y_{24}）	7002.00	357194.00	101481.5600	104916.0000
	固定资产净值（Y_{25}）	2415.00	90879.00	26553.4000	26147.6578
	就业人数（Y_{26}）	1216.00	3888.00	2382.4800	825.6797
	所有者权益（Y_{27}）	2821.00	155255.00	42244.7200	46104.2825
	产品销售收入（Y_{28}）	5106.00	435082.00	117439.8000	136623.0000
	人均产值（Y_{29}）	330.00	11143.00	4001.3600	3433.1165
市场开拓能力（Y_3）	产值增长率（Y_{31}）	2.00	34.00	18.6126	9.1151
	产业增加值增长率（Y_{32}）	3.00	68.00	19.4583	12.8383
	固定资产净值增长率（Y_{33}）	6.00	34.00	16.3641	7.8019
	就业人数增长率（Y_{34}）	−25.00	37.00	3.4337	11.2700
	人均产值增长率（Y_{35}）	−12.00	39.00	15.5718	11.0767
	利润增长率（Y_{36}）	−47.00	102.00	24.3678	29.1906
	产品销售收入增长率（Y_{37}）	5.00	47.00	20.4786	10.3581
	国际市场占有率（Y_{38}）	1.90	11.36	5.5788	3.5874
	贸易竞争力指数（Y_{39}）	−0.37	0.01	−0.1840	0.1387
	显示性比较优势指数（Y_{310}）	0.40	1.00	0.7072	0.2225

续表

子系统	变量（指标）	最小值	最大值	均值	标准差
产业效率(Y_4)	总资产贡献率(Y_{41})	4.15	13.16	8.1380	2.7565
	总资产利润率(Y_{42})	1.64	9.83	5.0760	2.4995
	产值利税率(Y_{43})	6.03	10.38	7.9280	1.1443
	资产负债率(Y_{44})	1.35	1.78	1.6184	0.1227
	流动资产周转率(Y_{45})	1.20	2.16	1.6912	0.3778
	成本利润率(Y_{46})	3.22	9.12	5.9920	1.5599
	产品销售率(Y_{47})	75.75	101.31	93.9100	7.1399
	劳动生产率(Y_{48})	7.62	269.49	96.4392	79.7048
	资本生产率(Y_{49})	0.54	1.28	0.8972	0.2492
	技术效率(Y_{410})	0.47	1.00	0.7824	0.1796
产业效益(Y_5)	利润总额(Y_{51})	2.34	286.44	73.2692	93.8545
	利税总额(Y_{52})	5.04	443.83	106.8212	133.1842
	产业对 GDP 的贡献率(Y_{53})	28.35	286.44	54.8976	50.4692
	产业对就业的贡献率(Y_{54})	1.67	4.91	3.2484	0.9701
	产业对第二产业就业的贡献率(Y_{55})	7.49	16.51	13.0588	2.6937
	产业对税收的贡献率(Y_{56})	23.67	68.10	46.9324	11.9019
	单位产值能耗(Y_{57})	0.27	5.03	1.5652	1.3726
	单位产值电耗(Y_{58})	3.09	18.48	8.6564	4.7865
	单位产值煤炭能耗(Y_{59})	0.45	19.27	5.8388	6.3102

（三）提取主成分

先进制造业各子系统的主成分提取方法和提取标准与现代流通业一样，各子系统主成分的特征值、贡献率和累计贡献率见表 4-11。

表 4-11　先进制造业各子系统主成分的特征值和贡献率

子系统	主成分	提取主成分		
		特征值	贡献率/%	累计贡献率/%
科技创新能力	1	6.258	62.584	62.584
	2	2.319	28.185	90.769
可持续发展能力	1	8.095	94.944	94.944

	主成分	提取主成分		
		特征值	贡献率/%	累计贡献率/%
市场开拓能力	1	3.343	43.426	43.426
	2	2.886	28.864	72.290
	3	1.117	15.173	87.463
产业效率	1	8.043	85.030	85.030
产业效益	1	7.456	87.842	87.842

由表 4-11 可知,先进制造业各子系统主成分的特征值均大于 1,且各主成分的累计方差贡献率达到 85% 以上,适合做主成分分析。

四、先进制造业国际竞争力评价结果

(一)先进制造业子系统国际竞争力评价结果

根据子系统主成分因子得分值及其方差贡献率测算出权重,与标准化后的各指标相乘,得到先进制造业各子系统的评价指数,即科技创新能力评价指数 $G(Y_{1t})$、可持续发展能力评价指数 $G(Y_{2t})$、市场开拓能力评价指数 $G(Y_{3t})$、产业效率评价指数 $G(Y_{4t})$、产业效益评价指数 $G(Y_{5t})$,详见表 4-12 和图 4-4。

表 4-12　先进制造业国际竞争力综合评价指数

年份	科技创新能力评价指数 $G(Y_{1t})$	可持续发展能力评价指数 $G(Y_{2t})$	市场开拓能力评价指数 $G(Y_{3t})$	产业效率评价指数 $G(Y_{4t})$	产业效益评价指数 $G(Y_{5t})$
1990	−0.7523	−0.7420	−0.9943	−0.8682	−0.7121
1991	−0.7042	−0.7213	−0.5850	−0.8708	−0.6689
1992	−0.5918	−0.7025	0.0218	−0.8848	−0.5518
1993	−0.4804	−0.6783	−0.0780	−0.5665	−0.6328
1994	−0.5687	−0.6327	−0.6564	−0.9420	−0.5221
1995	−0.5629	−0.5783	−0.7632	−0.8288	−0.4894
1996	−0.2537	−0.5548	−0.7614	−1.0820	−0.5178
1997	−0.1664	−0.5526	−0.6458	−0.8688	−0.5693

续表

年份	科技创新能力评价指数 $G(Y_{1t})$	可持续发展能力评价指数 $G(Y_{2t})$	市场开拓能力评价指数 $G(Y_{3t})$	产业效率评价指数 $G(Y_{4t})$	产业效益评价指数 $G(Y_{5t})$
1998	0.0888	−0.7243	−0.6951	−1.0714	−0.7754
1999	0.4063	−0.7124	−0.2891	−0.7590	−0.7627
2000	0.7896	−0.6827	0.0327	−0.3080	−0.7578
2001	−0.4651	−0.6460	−0.2886	−0.2478	−0.7991
2002	−0.5094	−0.5606	0.0615	−0.1053	−0.6098
2003	−0.5600	−0.4476	0.5757	0.1869	−0.4546
2004	−0.0966	−0.3092	0.4893	0.2655	−0.2921
2005	−0.4378	−0.1340	0.3580	0.2457	−0.0715
2006	−0.3330	0.0467	0.5147	0.4507	0.1018
2007	−0.1265	0.2839	0.7787	0.7265	0.3124
2008	0.4879	0.5862	0.4985	0.7245	0.6089
2009	0.2072	0.7552	0.2658	0.8245	0.7065
2010	−0.1157	1.0902	0.8223	1.1957	1.1141
2011	0.6916	1.2825	0.5568	1.2232	1.2802
2012	1.0667	1.4946	0.2130	1.1614	1.4109
2013	1.3806	1.7809	0.2810	1.0936	1.5481
2014	1.6057	2.0591	0.2873	1.3052	2.1043

表 4-12 和图 4-4 反映了先进制造业评价指数的变化趋势：先进制造业的科技创新能力、可持续发展能力、产业效率、产业效益呈现良好发展态势，市场开拓能力上升趋势不是特别明显。先进制造业科技创新能力评价指数 $G(Y_{1t})$、可持续发展能力评价指数 $G(Y_{2t})$、产业效率评价指数 $G(Y_{4t})$、产业效益评价指数 $G(Y_{5t})$ 呈现出明显的上升趋势。先进制造业科技创新能力评价指数 $G(Y_{1t})$ 从 1990 年的 −0.7523 上升到 2014 年的 1.6057，可持续发展能力评价指数 $G(Y_{2t})$ 从 1990 年的 −0.7420 上升到 2014 年的 2.0591，产业效率评价指数 $G(Y_{4t})$ 从 1990 年的 −0.8682 上升到 2014 年的 1.3052，产业效益评价指数 $G(Y_{5t})$ 从 1990 年的 −0.7121 上升到 2014 年的 2.1043。说明这一阶段中国先进制造业在科技创新能力、可持续发展能力、产业效率、产业效益方面发展势头良好，呈现稳步上升趋势。

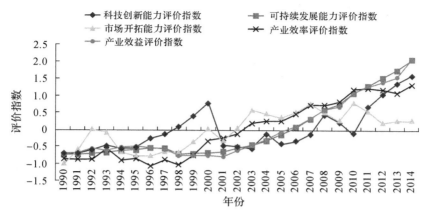

图 4-4　先进制造业国际竞争力综合评价指数变化趋势

市场开拓能力评价指数 $G(Y_{3t})$ 上升趋势比较微弱，这可能与该子系统中指标变化趋势有关。1990—2014 年中国先进制造业的产值增长率、利润增长率、产值占国内生产总值比重增长率、产品销售收入增长率指标均呈现下降趋势，而其他指标变化趋势不明显，没有表现出明显的上升趋势，因此，先进制造业市场开拓能力评价指数的上升趋势也不明显。市场开拓能力评价指数的变化情况反映出中国先进制造业在市场活力、市场份额方面没有表现出良好的发展态势。

（二）先进制造业国际竞争力综合评价结果

利用先进制造业各子系统评价指数的累计方差贡献率在方差贡献率之和中所占的比重作为权重，将各子系统评价指数进行加权合成，即得到先进制造业国际竞争力综合评价指数 $G(Y_t)$。先进制造业国际竞争力综合评价指数及其变化趋势见表 4-13 和图 4-5。

表 4-13　先进制造业国际竞争力综合评价指数

年份	先进制造业国际竞争力综合评价指数 $G(Y_t)$
1990	-0.8148
1991	-0.7072
1992	-0.5337
1993	-0.4832
1994	-0.6614

续表

年份	先进制造业国际竞争力综合评价指数 $G(Y_t)$
1995	-0.6437
1996	-0.6295
1997	-0.5573
1998	-0.6304
1999	-0.4184
2000	-0.1826
2001	-0.4900
2002	-0.3443
2003	-0.1382
2004	0.0116
2005	-0.0085
2006	0.1551
2007	0.3938
2008	0.5785
2009	0.5466
2010	0.8172
2011	1.0008
2012	1.0620
2013	1.2128
2014	1.4648

　　表 4-13 和图 4-5 反映了先进制造业国际竞争力综合评价指数变化趋势:1990 年以来,中国先进制造业的发展势头良好。从先进制造业国际竞争力综合评价指数的变化趋势来看,该指数从 1990 年的 -0.8148 上升到 2014年的 1.4648,总体上保持增长趋势,尤其是 2001 年之后,上升势头特别明显。说明 1990 年以来,中国先进制造业的发展势头强劲,先进制造业获得了快速发展。先进制造业的发展现实也证明了这个结论。改革开放以来,中国先进制造业取得了长足发展,产业规模明显增大,产业结构日趋优化,产业效益进一步提高,在国民经济中发挥着越来越重要的作用。无论从先进制造业的发展规模、发展速度,还是从产业效益来看,都可以发现先进制

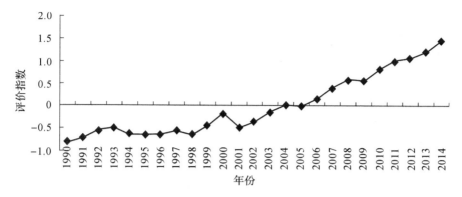

图 4-5　先进制造业国际竞争力综合评价指数变化趋势

造业在中国国民经济发展中发挥着不可替代的重要作用,因而将先进制造业作为经济发展的支柱产业和战略性产业,具有十分重要的现实意义。

第三节　现代流通业与先进制造业国际竞争力比较分析

在进行现代流通业与先进制造业国际竞争力的比较分析时,根据数据的可得性,本书主要对现代流通业与先进制造业的国际市场占有率、贸易竞争力、显示性比较优势指数进行比较。比较的对象为中、美、德、英、法、日六个国家,原因是这六个国家不仅是货物贸易、服务贸易进出口前六强,也是运输服务贸易和制造业进出口前六强。

一、现代流通业国际竞争力的国内国际比较

（一）现代流通业国际竞争力的国内比较

为了进一步分析现代流通业国际竞争力的国内差异,本书测算了中国30个省区市现代流通业国际竞争力综合评价指数,并对 2014 年、2009 年、2004 年的国际竞争力评价结果进行了比较分析。

表 4-14、图 4-6、图 4-7、图 4-8 分别反映了 2014 年、2009 年、2004 年中国30 个省区市的现代流通业国际竞争力评价结果。

表 4-14　30 个省区市的现代流通业国际竞争力评价结果与比较

省区市	2014 年		2009 年		2004 年	
	得分	排名	得分	排名	得分	排名
广东	2.665	1	2.270	1	2.155	1
江苏	2.300	2	2.005	2	2.020	3
山东	1.825	3	1.880	4	0.690	8
上海	1.665	4	1.995	3	2.145	2
北京	1.535	5	1.740	5	1.240	4
浙江	1.465	6	1.595	6	1.115	6
辽宁	1.356	7	1.505	7	1.150	5
天津	1.290	8	0.720	14	−0.005	12
河北	1.195	9	1.045	12	−0.040	15
湖南	1.150	10	1.190	10	−0.020	14
福建	1.123	11	1.060	11	0.265	9
湖北	1.045	12	1.355	8	0.805	7
四川	0.940	13	0.700	15	0.130	11
安徽	0.740	14	0.565	19	0.220	10
吉林	0.665	15	0.905	13	−0.175	18
内蒙古	0.530	16	1.195	9	−0.165	17
河南	0.520	17	0.115	23	−0.250	20
重庆	0.485	18	0.640	17	−0.190	19
陕西	0.400	19	0.630	18	−0.275	21
江西	0.390	20	0.675	16	−0.135	16
广西	0.160	21	0.250	21	−0.015	13
新疆	0.095	22	0.050	24	−1.110	30
贵州	−0.030	23	0.020	25	−0.575	24
甘肃	−0.055	24	0.475	20	−0.340	22
黑龙江	−0.065	25	0.145	22	−0.890	28
宁夏	−0.135	26	−0.390	29	−0.810	26
云南	−0.220	27	−0.205	27	−0.700	25
山西	−0.245	28	−0.190	26	−0.950	29
海南	−0.405	29	−0.255	28	−0.445	23
青海	−0.435	30	−0.670	30	−0.880	27

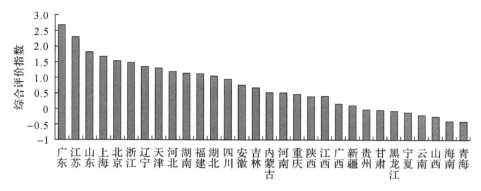

图 4-6　2014 年中国 30 个省区市的现代流通业国际竞争力综合评价指数

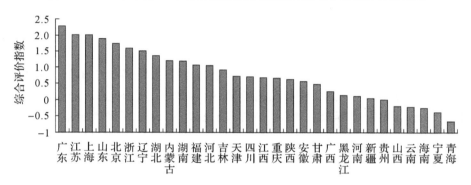

图 4-7　2009 年中国 30 个省区市的现代流通业国际竞争力综合评价指数

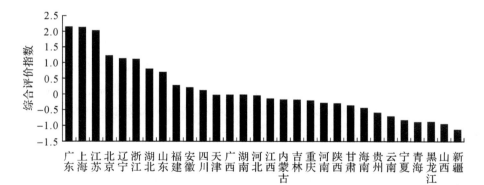

图 4-8　2004 年中国 30 个省区市的现代流通业国际竞争力综合评价指数

1. 区域差异分析

从区域间的差异来看,东部地区现代流通业国际竞争力明显高于中部地区和西部地区。2014 年,东部地区现代流通业国际竞争力综合评价指数均值为 1.239,高于中部地区平均值 0.565 和西部地区平均值 0.120;2009 年,东部地区现代流通业国际竞争力平均值为 1.241,高于中部地区平均值 0.723 和西部地区平均值 0.150;2004 年,东部地区现代流通业国际竞争力平均值为 0.675,高于中部地区平均值－0.119 和西部地区平均值－0.477。

2014 年,现代流通业国际竞争力排名处于前十位的省区市为广东、江苏、山东、上海、北京、浙江、辽宁、天津、河北、湖南,除湖南外,其他 9 个省市均来自东部地区;2009 年,排名处于前十位的省市为广东、江苏、上海、山东、北京、浙江、辽宁、湖北、内蒙古、湖南,除湖北、内蒙古、湖南以外,其他 7 个省市均来自东部地区;2004 年,排名处于前十位的省区市中,除湖北以外其余 9 个省市均来自东部地区。

这说明东部地区现代流通业国际竞争力水平明显高于中部地区和西部地区。东部地区是中国经济最发达的地区,开放度、城市化、市场化水平高,批发市场、运输网络等公共基础设施比较完善,无论是现代流通业的规模还是发展水平,在国内均居领先地位。

2. 动态分析

从省际动态变化来看,30 个省区市的现代流通业国际竞争力呈现出四种变化趋势。第一类为上升,广东、天津、河北、福建、四川、安徽、河南、新疆、宁夏、青海呈现出明显的上升趋势;第二类为先降后升,江苏呈现出该趋势;第三类为先升后降,出现这种变化趋势的包括山东、北京、浙江、辽宁、湖南、湖北、吉林、内蒙古、重庆、陕西、江西、广西、贵州、甘肃、黑龙江、云南、山西、海南等;第四类为下降,上海呈现出明显的下降趋势。这说明,广东、天津、江苏等 11 个省区市现代流通业发展态势良好,而山东、北京、上海等 19 个省区市的现代流通业需要统筹布局,合理规划,完善现代流通业的发展格局。

(二)现代流通业国际竞争力的国际比较

由于美、德、英、法、日五个国家的批发零售、住宿餐饮数据无法找到,因此本书在进行现代流通业国际竞争力的国际比较时,使用的数据主要是运输服务贸易的数据。

1. 国际市场占有率

通过分析国际市场占有率,我们能够了解中、美、德、英、法、日六国现代流通业在国际市场上的地位,以及六国现代流通业在国际市场上的竞争能力。现代流通业国际市场占有率＝(该国运输服务贸易进出口总额/世界运输服务贸易进出口总额)×100％。1995—2014年六国现代流通业国际市场占有率变化趋势详见图4-9。

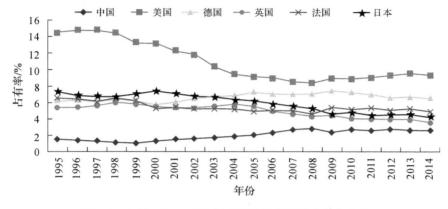

图 4-9　1995—2014 年六国现代流通业国际市场占有率

由图4-9可知,1995年以来,中、美、德、英、法、日六个国家现代流通业的国际市场占有率呈现出不同的变化趋势。中国现代流通业的国际市场占有率表现出上升趋势,从1995年的1.46％上升到2014年的2.61％。美国、英国、法国、日本的国际市场占有率呈现出下降趋势,美国由1995年的14.51％下降到2014年的9.39％,英国由1995年的5.46％下降到2014年的3.61％,法国由1995年的6.59％下降到2014年的4.91％,日本由1995年的7.26％下降到2014年的4.21％。德国现代流通业的国际市场占有率相对较为稳定,是六国中波动幅度最小的国家,维持在6％以上。

此外,1995年以来,中、美、德、英、法、日六个国家现代流通业的国际地位也发生了一些变化。美国现代流通业的国际市场占有率虽然在下降,但一直稳居世界第一。德国现代流通业的国际市场占有率虽然变化不明显,但国际地位在上升,由1995年的世界第四上升到2014年的世界第二。随着国际市场占有率的下降,日本现代流通业的国际地位也在下降,由1995年的世界第二下降到2014年的世界第四。法国、英国的国际市场占有率虽然下降,但是国际市场地位不变,分别为世界第三和第五。在这六个国家中,中国现代流通业的国际市场占有率一直位居第六位,但随着国际市场占有率的不断上升,与其他国家的差距在不断缩小。

从现代流通业国际市场占有率指数来看,美国现代流通业发展规模最大,国际竞争力最强,其次是德国、法国和日本,中国相对最弱。但是中国现代流通业发展速度最快,与其他国家的差距在不断缩小。

2.贸易竞争力指数

贸易竞争力指数也是反映现代流通业国际竞争力的重要指标,现代流通业贸易竞争力指数＝(运输服务贸易出口额－运输服务贸易进口额)/运输服务贸易进出口总额,数值区间为[－1,1],数值越接近于1,说明现代流通业国际竞争力越大。1995—2014 年六国现代流通业贸易竞争力指数变化趋势详见图 4-10。

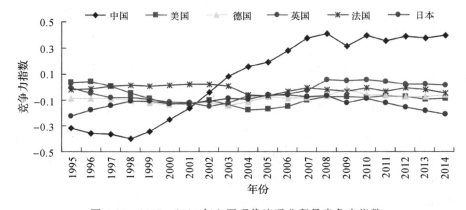

图 4-10　1995—2014 年六国现代流通业贸易竞争力指数

根据图 4-10,1995—2014 年,中国现代流通业贸易竞争力指数增长趋势明显,尤其是 2008 年以前,2008 年以后,增长比较缓慢。值得注意的是,2003 年中国超过法国后,一直稳居六国之首。

1995 年以来,德国和日本一直是现代流通业的净进口国,贸易竞争力指数一直是负值,其中德国现代流通业贸易竞争力指数变化相对较为稳定,在六国中位居第四,日本现代流通业贸易竞争力指数呈现出先升后降的趋势,2009 年开始,在六国中位居第六。美国、法国和英国现代流通业贸易竞争力指数表现出先降后升的趋势,尤其是英国,在 2008 年以后是现代流通业的净出口国,贸易竞争力指数为正值。

从现代流通业贸易竞争力指数看,中国现代流通业的国际竞争力最强,且竞争优势在不断增强,其次是英国、法国和德国,日本最弱。2008 年以后,美、德、英、法的现代流通业贸易竞争力指数变化不大,差距逐渐缩小。

3.显示性比较优势指数

显示性比较优势指数(RCA)反映了现代流通业在国际市场中的比较优势,也反映了现代流通业的出口贸易强度及专业化优势。如果RCA>1,则表明该国现代流通业在国际市场上具有比较优势,且其值越大,越具有国际竞争力;相反,如果RCA<1,则表明该国现代流通业在国际市场上缺乏比较优势,国际竞争力相对较弱。

现代流通业显示性比较优势指数=(该国运输服务贸易出口额/该国服务贸易总出口额)/(世界运输服务贸易出口额/世界服务贸易总出口额)。图4-11为1995—2014年六国现代流通业显示性比较优势指数的变化趋势。

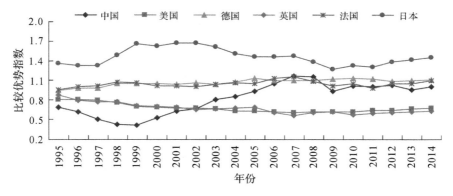

图4-11　1995—2014年六国现代流通业显示性比较优势指数

从图4-11可以发现,1995—2014年,法国和日本现代流通业的RCA指数均大于1,尤其是日本,1995年来一直位居六国之首,这表明法国和日本两个国家现代流通业比较优势明显,具有较强的国际竞争力。中国现代流通业的RCA指数在2007年之后在1周围上下小范围浮动,德国的现代流通业RCA指数在1998年之后大于1,且呈现增长趋势。1995—2014年,美国和英国现代流通业的RCA指数一直小于1,说明两国现代流通业缺乏比较优势,国际竞争力相对较弱。

现代流通业的国际市场占有率、贸易竞争力指数和显示性比较优势指数的分析结果表明,中国现代流通业在发展速度、贸易竞争力方面具有领先优势,但在国际市场占有率方面远远落后于其他五个国家,显示性比较优势指数也低于日本、法国和德国。

二、先进制造业国际竞争力的国内国际比较

（一）先进制造业国际竞争力的国内比较

本书利用 2014 年、2009 年、2004 年中国 30 个省区市的数据对先进制造业国际竞争力综合评价指数分别进行测算，并对评价结果进行比较分析。

表 4-15　30 个省区市的先进制造业国际竞争力评价结果与比较

	2014 年		2009 年		2004 年	
	得分	排名	得分	排名	得分	排名
江苏	1.584	1	1.624	2	1.391	2
广东	1.661	2	1.853	1	2.096	1
山东	0.674	3	0.854	3	0.880	4
上海	0.754	4	0.676	4	1.130	3
天津	0.485	5	0.422	6	0.651	6
浙江	0.346	6	0.549	5	0.761	5
湖南	0.162	7	0.031	11	−0.261	17
辽宁	0.159	8	0.096	10	−0.006	9
北京	0.247	9	0.206	7	0.388	7
安徽	0.127	10	0.015	13	−0.190	13
福建	0.107	11	0.121	8	0.311	8
吉林	0.047	12	−0.112	16	−0.266	18
重庆	0.028	13	0.015	12	−0.146	10
湖北	0.028	14	−0.013	14	−0.210	15
四川	−0.015	15	−0.060	15	−0.156	11
河南	0.004	16	0.107	9	−0.179	12
江西	−0.057	17	−0.130	17	−0.324	19
河北	−0.228	18	−0.191	18	−0.253	16
广西	−0.193	19	−0.304	19	−0.385	21
海南	−0.309	20	−0.516	24	−0.196	14
青海	−0.338	21	−0.353	21	−0.360	20
陕西	−0.356	22	−0.350	20	−0.388	22
黑龙江	−0.402	23	−0.452	23	−0.506	26
内蒙古	−0.492	24	−0.373	22	−0.420	23

	2014 年		2009 年		2004 年	
	得分	排名	得分	排名	得分	排名
新疆	−0.512	25	−0.712	30	−0.567	28
贵州	−0.658	26	−0.585	27	−0.500	25
山西	−0.707	27	−0.659	28	−0.580	29
云南	−0.664	28	−0.526	25	−0.490	24
宁夏	−0.735	29	−0.534	26	−0.521	27
甘肃	−0.748	30	−0.700	29	−0.763	30

1. 区域差异分析

从区域间的差异来看,东部地区先进制造业国际竞争力明显高于中部地区和西部地区。2014 年,东部地区先进制造业国际竞争力综合评价指数均值为 0.375,高于中部地区平均值−0.177 和西部地区平均值−0.419;2009年,东部地区先进制造业国际竞争力平均值为 0.368,高于中部地区平均值−0.173 和西部地区平均值−0.411;2004 年,东部地区先进制造业国际竞争力平均值为 0.442,高于中部地区平均值−0.329 和西部地区平均值−0.427。

2014 年,先进制造业国际竞争力排名处于前十位的省区市为江苏、广东、山东、上海、天津、浙江、湖南、辽宁、北京、安徽,除湖南以外,其他 9 个省市均处东部地区;2009 年,排名处于前十位的省区市为广东、江苏、山东、上海、浙江、天津、北京、福建、河南、辽宁,除河南以外,其他 9 个省市均处东部地区;2004 年,排名处于前十位的省市中,除重庆以外其他 9 个省市均来自东部地区。

同现代流通业一样,东部地区先进制造业国际竞争力水平明显高于中部地区和西部地区。

2. 动态分析

从省际动态变化来看,30 个省区市的先进制造业国际竞争力呈现出四种变化趋势。第一类为上升,湖南、辽宁、安徽、吉林、重庆、湖北、江西、广西、青海、黑龙江呈现出明显的上升趋势;第二类为先降后升,上海、天津、北京、海南、新疆呈现出该趋势;第三类为先升后降,出现这种变化趋势的包括江苏、四川、河南、河北、陕西、内蒙古、甘肃;第四类为下降,广东、山东、浙江、福建、贵州、山西、云南、宁夏呈现出明显的下降趋势。这说明,湖南、辽宁、安徽、上海等 15 个省区市先进制造业发展态势良好,而江苏、四川、广东、山东、浙江等 15 个省区市的先进制造业发展势头不够强劲。

(二)先进制造业国际竞争力的国际比较

在进行先进制造业国际竞争力的国际比较时,美、德、英、法、日五个国家数据主要来源于联合国贸易和发展会议数据库,选取的行业包括:①仪器仪表及文化、办公用机械制造业;②医药制造业;③电气机械和器材制造业;④计算机、通信和其他电子设备制造业;⑤通用设备制造业;⑥交通运输设备制造业;⑦专用设备制造业;⑧化学原料及化学制品制造业。

1. 国际市场占有率

先进制造业国际市场占有率=(该国先进制造业进出口总额/世界先进制造业进出口总额)×100%。图 4-12 反映了 1995—2014 年六国先进制造业国际市场占有率的变化趋势。

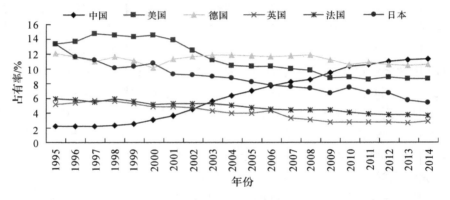

图 4-12 1995—2014 年六国先进制造业国际市场占有率

由图 4-12 可知,1995 年以来,中、美、德、英、法、日六个国家先进制造业的国际市场占有率呈现出不同的变化趋势。中国先进制造业的国际市场占有率不断上升,从 1995 年的 2.13% 上升到 2014 年的 11.36%,增长了 5 倍多。美国、英国、法国、日本的国际市场占有率呈现出递减趋势,美国由 1995 年的 13.41% 下降到 2014 年的 8.65%,英国由 1995 年的 5.14% 下降到 2014 年的 2.86%,法国由 1995 年的 5.84% 下降到 5.34%,日本由 1995 年的 13.36% 下降到 5.34%。日本先进制造业的国际市场占有率下降最明显,下降了 8 百分点。美国先进制造业的国际市场占有率也有所下降,下降了近 5 百分点。德国先进制造业的国际市场占有率相对较为稳定,是六国中波动幅度最小的国家,维持在 10% 上下。

此外,1995 年以来,中、美、德、英、法、日六个国家先进制造业的国际地位也发生了变化。随着国际市场占有率的显著上升,中国先进制造业的国际地位发生了明显的变化,1995 年位居第六,到了 2012 年跃居六国之首及世界之首,此后一直维持在这一位置。德国先进制造业的国际市场占有率虽然波动幅度不大,但国际地位有所上升,由 1995 年的世界的第三上升到 2014 年的世界第二。

随着国际市场占有率的下降,美国、日本先进制造业的国际地位明显下降,分别由 1995 年的世界第一、第二下降到 2014 年的第三、第四。法国、英国先进制造业的国际市场占有率虽然波动幅度也不大,但国际地位也有所下降,1995 年,法国、英国的先进制造业分别位居第四和第五,到了 2014 年,这两个国家的位置下降到第五和第六。

从先进制造业的国际市场占有率指数来看,中国先进制造业的发展速度最快,竞争优势最明显,国际竞争力最强,其次是德国、美国和日本,英国相对最弱。

2.贸易竞争力指数

先进制造业贸易竞争力指数=(先进制造业出口额-先进制造业进口额)/先进制造业进出口总额。图 4-13 反映了 1995—2014 年六国先进制造业贸易竞争力的变化趋势。

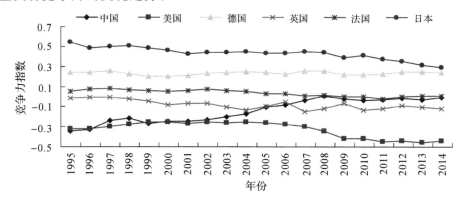

图 4-13　1995—2014 年六国先进制造业贸易竞争力指数

由图 4-13 可知,1995—2014 年,中国先进制造业贸易竞争力指数增长趋势明显,尤其是 2008 年以前,2008 年以后,增长比较缓慢。1995 年,中国先进制造业贸易竞争力指数在六国中位居第六,2007 年超过英国跃居第四位以后,一直处在这个位置。值得注意的是,虽然中国贸易竞争力指数上升明显,但一直是负值。

1995 年以来,日本、德国和法国是先进制造业的净出口国,贸易竞争力指数一直为正值。德国先进制造业贸易竞争力指数变化相对较为稳定,日本和法国先进制造业贸易竞争力指数微弱下降,但是这三个国家在 1995—2014 年一直位居前三。

美国和英国是先进制造业的净进口国,贸易竞争力指数一直为负值,并表现出下降趋势。

从贸易竞争力指数看,日本先进制造业的国际竞争力最强,其次是德国和法国,中国、美国和英国相对较弱。

3. 显示性比较优势指数

先进制造业显示性比较优势指数＝(该国先进制造业出口额/该国货物贸易总出口额)/(世界先进制造业出口额/世界货物贸易总出口额)。图4-14反映了 1995—2014 年六国先进制造业显示性比较优势(RCA)指数的变化趋势。

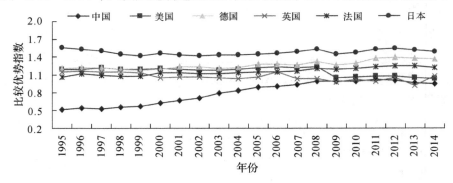

图 4-14　1995—2014 年六国先进制造业显示性比较优势指数

从图 4-14 可以发现,1995—2014 年,日本、德国、法国和美国的先进制造业的 RCA 指数均大于 1,尤其是日本,1995 年来一直位居六国之首,这表明日本、德国、法国和美国四个国家的先进制造业比较优势明显,具有较强的国际竞争力。

中国的先进制造业比较优势也在增强,RCA 指数在不断上升,由 1995 年的 0.5 上升到 2014 年的 0.9,但是一直小于 1,说明中国先进制造业缺乏比较优势,国际竞争力相对较弱。

从 RCA 指数来看,日本先进制造业国际竞争力最强,其次是德国和法国,中国先进制造业国际竞争力最弱。2008 年以后,美、德、英、法、日的先进制造业显示性比较优势指数变化不大,差距逐渐缩小。

先进制造业的国际市场占有率、贸易竞争力指数和显示性比较优势指数的分析结果表明,中国先进制造业整体上取得了较快的发展,国际竞争力显著增强,且在发展速度、发展规模方面具有领先优势。但在贸易竞争力方面,远远落后于日本、德国和法国。在显示性比较优势指数方面,更是落后于其他五个国家。

通过对中、美、德、英、法、日六个国家现代流通业与先进制造业的国际市场占有率、贸易竞争力指数和显示性比较优势指数的比较分析,可以发现,中国现代流通业与先进制造业整体上取得了较快发展,整体实力显著增强,竞争优势日益明显,国际竞争力不断提升,在发展速度、发展规模、国际市场占有率方面具有明显优势。但是贸易竞争力落后于日本、德国和法国,显示性比较优势指数则远远落后于其他五个国家。综合起来,中国现代流通业与先进制造业的国际竞争力,与其他五个国家相比,有较大差距。

美国、德国、英国、法国和日本的现代流通业与先进制造业,代表着北美、欧洲、亚洲乃至世界主要国家现代流通业与先进制造业的基本特点和发展趋势,给中国制定现代流通业与先进制造业的发展战略提供了借鉴。

就流通业而言,美国的流通业渠道比较短,生产商和消费者之间的距离也越来越短。德国对流通业有着严格管制,尤其是对流通组织的市场行为进行了严格的管制,专业化、标准化、精细化是德国流通业发展的显著特点。英国的流通业在国民经济中有着十分重要的地位,仅次于制造业。随着市场经济的日益成熟和完善,英国形成了功能强大的流通体系和完善的流通组织,电子信息化、物流信息化在流通现代化进程中得到广泛运用。法国流通业的集中程度高,流通环节和流通时间大大缩短。日本流通组织形式多样化,流通市场秩序井然,在商品开发、生产、运输、仓储、批发、零售及进出口环节,现代化的流通设施发挥了重要作用。

在制造业方面,美国、德国、英国、法国和日本有着各自的特色和优势。从研发投入力度上来看,美国、德国、英国、法国和日本是世界上重要的研发大国和强国,科技成果转化率均在80%以上,对科技研发的高度重视及较强的科技成果转化能力,使得这些国家能够抢占制造业的制高点。此外,美国、德国拥有完善的制造业人才教育体系和培养模式,德国、日本、法国也建立了高效的投融资支持体系,为制造业技术创新提供了强有力的支持。2008年金融危机以后,英国大力促进制造业全面复苏,尤其注重高科技产业和高端制造业的发展,促进制造业和服务业相互融合。值得一提的是,英国制造业从业人员不仅具备传统的生产和机械操作知识,更重要的是,制造业从业人员还能够从事研发、设计、销售、售后服务等配套工作。

与美国、德国、英国、法国和日本相比,中国的现代流通业与先进制造业,无论是整体水平,还是技术创新能力或者生产方式,都有着很大差距。因此,中国需要大力发展现代流通业与先进制造业,发挥现代流通业的先导作用,提升先进制造业支柱产业的地位,制订并实施一系列促进现代流通业与先进制造业协同发展的计划和政策,全面推动现代流通业与先进制造业协同发展。

三、现代流通业与先进制造业国际竞争力的比较

本书将对现代流通业与先进制造业的科技创新能力评价指数、可持续发展能力评价指数、市场开拓能力评价指数、产业效率评价指数、产业效益评价指数和国际竞争力综合评价指数进行比较分析,从中发现两者的差距,以便及时采取措施促进两者的协同发展。

（一）现代流通业与先进制造业科技创新能力评价指数比较

创新是保持现代流通业与先进制造业活力的重要源泉,也是现代流通业与先进制造业协同发展的主要动力之一。比较分析现代流通业与先进制造业的科技创新能力的评价指数和创新的投入产出状况,有助于了解现代流通业与先进制造业创新主体特征差异,为实现现代流通业与先进制造业协同创新寻找突破口。

我国现代流通业与先进制造业的科技创新能力评价指数及其变化趋势见图 4-15。

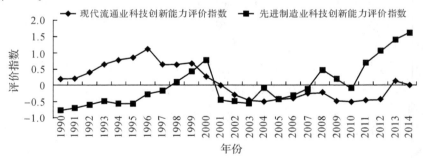

图 4-15　1990—2014 年现代流通业与先进制造业科技创新能力评价指数

图 4-15 描述了现代流通业与先进制造业的科技创新能力评价指数及其

变化趋势,从中我们可以得出如下结论。

(1)1990—2014年,中国先进制造业科技创新能力发展势头良好,评价指数有起有伏,先升后降再升,而现代流通业科技创新能力评价指数呈现微弱下降趋势。

(2)1999年之前,现代流通业科技创新能力评价指数明显高于先进制造业,2000—2007年,两者的差距逐渐缩小,从2008年开始,两者的差距又逐渐拉大,到2014年两者的差距达到最大值。

为什么现代流通业与先进制造业的科技创新能力评价指数会显示如此变化?这需要分析科技创新能力指标体系中各四级指标的发展状态,从中发现现代流通业与先进制造业的科技创新能力在发展过程中存在的问题。鉴于数据的可操作性和可比较性,我们从R&D经费支出、R&D人员、人均R&D经费支出等方面分析现代流通业与先进制造业科技创新能力的协同现状,详见表4-16和图4-16。

表4-16 现代流通业与先进制造业R&D经费支出、R&D人员及人均研发经费支出

年份	现代流通业			先进制造业		
	R&D经费支出/亿元	R&D人员/万人	人均R&D经费/百元	R&D经费支出/亿元	R&D人员/万人	人均R&D经费/百元
1990	6.50	2.26	0.25	68.73	44.79	33.70
1995	6.77	1.58	0.78	50.23	71.26	24.0
2000	7.28	0.72	0.81	87.27	75.51	36.31
2005	6.43	0.28	0.48	154.01	94.49	676.78
2006	7.81	0.31	0.60	194.01	107.74	785.74
2007	8.34	0.29	0.63	247.57	128.58	908.30
2008	10.52	0.31	0.79	358.89	191.10	1148.50
2009	4.63	0.12	0.34	248.93	126.74	776.58
2010	5.84	0.21	0.42	259.33	115.67	726.10
2011	5.47	0.17	0.35	392.47	169.44	1094.67
2012	5.40	0.14	0.33	454.24	198.74	1233.41
2013	4.44	0.12	0.22	533.77	219.97	1411.98
2014	5.28	0.15	0.26	599.60	237.86	1542.28

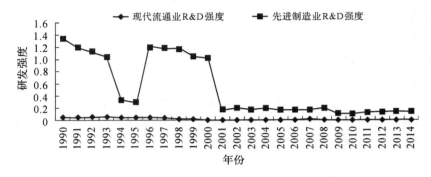

图 4-16   1990—2014 年现代流通业与先进制造业 R&D 强度

从表 4-16 中我们可以发现,现代流通业与先进制造业的 R&D 经费支出、R&D 人员、人均 R&D 经费支出存在明显差距,现代流通业的 R&D 经费支出、R&D 人员、人均 R&D 经费支出均明显低于先进制造业。根据图 4-16,2002 年之前,先进制造业的研发强度明显高于现代流通业,2002 年以后,两者的研发强度趋向协同。

总之,从科技创新能力发展现状来看,现代流通业的科技创新能力总体水平低于先进制造业,两者存在差距,并且差距呈现扩大趋势。

(二)现代流通业与先进制造业可持续发展能力评价指数比较

可持续发展能力主要表现在产业规模、产业结构和产业活力三个方面。比较和分析现代流通业与先进制造业可持续发展能力有助于了解两者的规模协同程度。

1990—2014 年现代流通业与先进制造业的可持续发展能力评价指数及其变化趋势详见图 4-17。

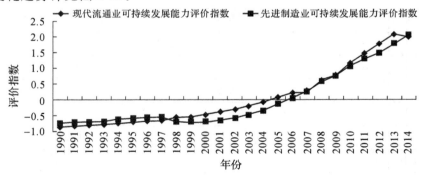

图 4-17   1990—2014 年现代流通业与先进制造业可持续发展能力评价指数

由图 4-17 可知,1990 年以来,现代流通业与先进制造业的可持续发展能力评价指数呈现如下特点:①从总体来看,现代流通业与先进制造业的可持续能力评价指数均呈现上升趋势,尤其是 2006 年以后,两者的上升趋势愈发显著,这说明中国现代流通业与先进制造业可持续发展势头良好;②1997年之前,现代流通业可持续发展能力评价指数低于先进制造业,1998—2006 年现代流通业可持续发展能力评价指数高于先进制造业,从 2007 年开始,现代流通业可持续发展能力评价指数又低于先进制造业,并且两者的差距在缩小。

为了对现代流通业与先进制造业可持续发展能力有更全面的把握,本书从产业总产值、增加值、人均产值和就业人数几个方面对现代流通业与先进制造业的产业可持续能力发展状况进行了比较分析,从而了解两者规模协同水平,详见表 4-17、图 4-18。

表 4-17　现代流通业与先进制造业的总产值、增加值和人均产值

年份	现代流通业			先进制造业		
	总产值/亿元	增加值/亿元	人均产值/千元	总产值/亿元	增加值/亿元	人均产值/千元
1990	2567.20	2737.83	9.84	6741.14	1556.83	33.01
1995	7987.00	9223.01	30.12	17757.04	4493.04	84.76
2000	12724.60	16465.80	77.78	31386.97	8065.19	242.37
2005	32830.79	28828.06	245.08	96697.49	24430.19	424.93
2006	36920.00	33506.29	281.36	122320.99	30906.10	495.40
2007	44516.58	41086.99	338.40	156866.43	39918.00	575.53
2008	52931.94	49160.91	396.55	193750.34	45559.52	620.04
2009	58989.10	52829.74	434.64	215632.10	51094.58	672.70
2010	70873.75	62946.74	515.37	269735.36	60691.74	755.23
2011	84609.94	75050.89	544.89	329015.11	70008.25	917.69
2012	94966.65	84518.62	577.59	350513.67	81829.34	951.76
2013	104413.46	94448.84	511.48	396302.18	94853.01	1048.33
2014	102164.00	102076.00	500.973	433221.64	104773.01	1114.30

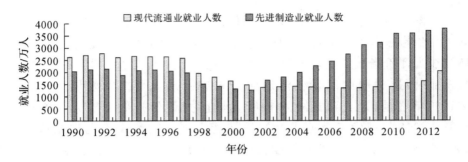

图 4-18　现代流通业与先进制造业就业人数

根据表 4-17、图 4-18,我们可以得出如下结论。

(1)从总体来看,现代流通业与先进制造业可持续发展能力的各项指标均呈现上升趋势,说明两者可持续发展能力发展势头良好。

(2)从个别指标来看,现代流通业的产业总产值和人均产值均低于先进制造业。现代流通业的产业增加值高于先进制造业,但这个优势逐渐消失,2013 年,现代流通业的产业增加值已经低于先进制造业。

(3)2001 年之前,现代流通业的就业人数高于先进制造业,但从 2002 年开始,出现相反趋势,现代流通业的就业人数低于先进制造业。

总之,现代流通业与先进制造业的可持续发展均呈现良好态势并趋向协同,但个别指标存在差距。

(三)现代流通业与先进制造业市场开拓能力评价指数比较

市场开拓能力反映现代流通业与先进制造业的发展潜力和趋势。分析和比较市场开拓能力评价指数可以了解现代流通业与先进制造业在开拓市场、拓展业务方面的协同程度。

现代流通业与先进制造业的市场开拓能力评价指数及其变化趋势详见图 4-19。

通过图 4-19 我们发现,1990 年以来,中国现代流通业与先进制造业的市场开拓能力评价指数一直处于波动状态,没有呈现出明显的上升趋势。由于两者的变化趋势不明显,两者的差距还要经过较长时间的检验。

为了更好地把握市场开拓能力,我们对现代流通业与先进制造业的产值增长率、产业增加值增长率、人均产值增长率、国际市场占有率、贸易竞争力、显示性比较优势指数进行了比较(见表 4-18、表 4-19)。

表 4-18　现代流通业与先进制造业产值增长率、产业增加值增长率、人均产值增长率

(单位：%)

年份	现代流通业			先进制造业		
	产值增长率	产业增加值增长率	人均产值增长率	产值增长率	产业增加值增长率	人均产值增长率
1990	3.81	4.25	−2.59	1.76	11.42	−1.76
1995	18.57	21.84	19.28	9.88	7.77	8.51
2000	11.91	12.72	22.58	19.28	20.10	29.04
2005	16.90	13.39	21.84	24.79	24.12	8.88
2006	12.46	16.23	14.80	26.50	26.51	16.58
2007	20.58	22.62	20.27	28.24	29.16	16.17
2008	18.90	19.65	17.18	23.51	14.13	7.73
2009	11.44	7.46	9.60	11.29	12.15	8.49
2010	20.15	19.15	18.57	25.09	18.78	12.27
2011	19.38	19.23	5.73	21.98	15.35	21.51
2012	12.24	12.62	6.00	6.53	16.89	3.71
2013	9.95	11.75	−11.45	13.06	15.92	10.15
2014	10.39	8.08	10.50	9.32	10.46	6.29

表 4-19　现代流通业与先进制造业国际市场占有率、贸易竞争力指数、显示性比较优势指数

年份	现代流通业			先进制造业		
	国际市场占有率/%	贸易竞争力指数	显示性比较优势指数	国际市场占有率/%	贸易竞争力指数	显示性比较优势指数
1990	1.27	−0.82	0.12	1.90	−0.36	0.40
1995	2.83	−0.72	0.23	2.13	−0.35	0.48
2000	4.06	−0.42	0.52	3.03	−0.25	0.59
2005	7.71	−0.24	0.92	6.98	−0.10	0.87
2006	8.71	−0.16	1.03	7.57	−0.08	0.88
2007	9.74	−0.13	1.15	8.20	−0.03	0.92
2008	9.97	−0.33	1.13	8.48	0.01	0.97

续表

年份	现代流通业			先进制造业		
	国际市场占有率/%	贸易竞争力指数	显示性比较优势指数	国际市场占有率/%	贸易竞争力指数	显示性比较优势指数
2009	10.11	−0.30	0.92	9.45	−0.02	0.97
2010	12.08	−0.39	0.95	10.34	−0.03	0.98
2011	13.19	−0.38	0.95	10.56	−0.02	1.00
2012	13.99	−0.43	1.00	11.00	−0.01	0.99
2013	14.66	−0.43	0.92	11.23	−0.03	0.94
2014	14.29	−0.43	0.89	11.36	−0.01	0.93

根据表 4-18、表 4-19,我们可以得出如下结论。

(1)1990—2014 年,除人均产值增长率以外,现代流通业的产值平均增长率(17.00%)、增加值平均增长率(16.00%)、利润平均增长率(11.74%)、就业人数平均增长率(−0.35%)低于先进制造业的产值平均增长率(18.54%)、增加值平均增长率(19.43%)、利润平均增长率(24.41%)、就业人数平均增长率(3.35%)。

(2)在国际市场开拓能力方面,现代流通业国际市场占有率高于先进制造业,但贸易竞争力和显示性比较优势指数低于先进制造业。

(3)在 1990—2014 年的大部分年份里,现代流通业与先进制造业产值增长率、产业增加值增长率、人均产值增长率、产值占 GDP 比重增长率、就业人数占全国比重增长率、利润增长率、就业人数增长率指标的运行轨迹不一致,没有呈现出明显的协同趋势。

总之,现代流通业与先进制造业的市场开拓能力评价指数一直处于波动状态,没有呈现出明显的上升趋势,也没有呈现出明显的协同发展趋势。

(四)现代流通业与先进制造业产业效率评价指数比较

分析产业效率可以了解现代流通业与先进制造业的资源配置水平和资源使用效率。现代流通业与先进制造业的效率评价指数及其变化趋势见图 4-19。

从图 4-19 中我们发现,1990 年以来,现代流通业与先进制造业的效率评价指数呈现如下特点。

(1)从总体来看,现代流通业与先进制造业的效率评价指数均呈现总体

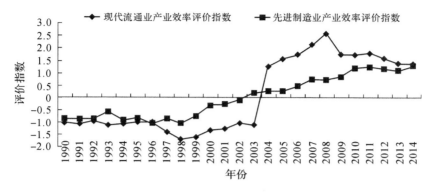

图 4-19 1990—2014 年现代流通业与先进制造业产业效率评价指数

上升趋势,这说明我国现代流通业与先进制造业的资源配置水平和资源使用效率在不断提高。

(2)在 1990—2003 年,现代流通业效率评价指数低于先进制造业,2004 年以后高于先进制造业,并且 2010 年以后两者协同趋势明显。

产业效率体现在劳动效率、资本效率、技术效率和管理效率等方面。表 4-20 反映了现代流通业与先进制造业的总资产贡献率、总资产利润率、成本利润率的变化状况,图 4-20、图 4-21 反映了现代流通业与先进制造业资本生产率、技术生产率的变化趋势。

表 4-20　现代流通业与先进制造业总资产贡献率、总资产利润率、成本利润率

(单位:%)

年份	现代流通业			先进制造业		
	总资产 贡献率	总资产 利润率	成本利润率	总资产 贡献率	总资产 利润率	成本利润率
1990	6.77	6.24	5.66	7.20	3.34	4.40
1995	8.74	8.14	5.62	5.26	2.25	4.09
2000	6.35	5.97	4.50	6.25	3.36	5.72
2005	21.98	21.47	10.53	8.18	5.48	5.73
2006	22.32	21.79	10.38	8.87	6.01	5.85
2007	22.20	21.60	10.29	10.25	7.30	6.94
2008	23.06	22.05	10.65	10.59	7.35	6.94
2009	20.15	19.11	10.72	10.94	7.70	7.59

续表

年份	现代流通业			先进制造业		
	总资产贡献率	总资产利润率	成本利润率	总资产贡献率	总资产利润率	成本利润率
2010	19.35	18.20	9.35	13.16	9.83	9.12
2011	18.80	17.66	8.83	12.55	9.38	8.58
2012	17.35	16.28	8.50	11.75	8.27	7.87
2013	16.98	15.85	8.29	11.22	7.88	7.41
2014	16.39	15.37	8.26	12.43	8.02	7.79

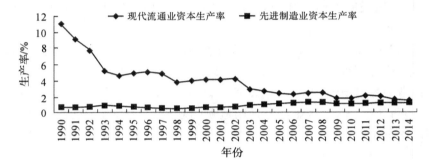

图 4-20 1990—2014 年现代流通业与先进制造业资本生产率

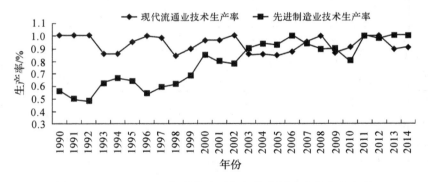

图 4-21 1990—2014 年现代流通业与先进制造业技术生产率

从表 4-20、图 4-20、图 4-21,我们可以得出如下结论。

(1)总体来说,现代流通业与先进制造业的效率在不断提高,除了现代流通业的资本生产率呈现出下降趋势以外,其他指标如总资产贡献率、总资产利润率、成本利润率、劳动生产率、技术生产率均呈现总体上升趋势。

（2）在 1990—2014 的大部分年份里，现代流通业的总资产贡献率、总资产利润率、成本利润率高于先进制造业，说明现代流通业管理效率优于先进制造业。

（3）现代流通业与先进制造业资本生产率、技术生产率呈现出明显的趋同趋势。

总之，从总资产贡献率、总资产利润率、成本利润率、资本生产率、技术生产率的变化状况来看，现代流通业和先进制造业产业效率大体呈现出协同趋势。

（五）现代流通业与先进制造业产业效益评价指数比较

产业效益评价指数可以反映产业的经济效益、社会效益等。现代流通业与先进制造业的产业效益评价指数及变化趋势见图 4-22。

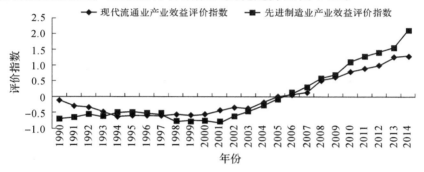

图 4-22　1990—2014 年现代流通业与先进制造业产业效益评价指数

图 4-22 描述了现代流通业与先进制造业的产业效益评价指数及其变化趋势，从中我们可以发现，1990 年以来现代流通业与先进制造业的产业效益评价指数呈现如下特点。

（1）从总体来看，现代流通业与先进制造业的产业效益评价指数均呈现上升趋势，特别是 2008 年以后，上升趋势更加明显，这说明我国现代流通业与先进制造业的经济效益和社会效益得到显著提升。

（2）2007 年之前，现代流通业产业效益评价指数高于先进制造业，2007 年以后现代流通业产业效益评价指数高低于先进制造业，2012 年开始两者的差距略有缩小。

分析现代流通业与先进制造业对 GDP 的贡献率、对就业的贡献率、对税收的贡献率、利润总额、利税总额有助于了解两者经济效益、社会效益的协同发展状态。表 4-21 和图 4-23、图 4-24 反映了现代流通业与先进制造业对 GDP 的贡献率、对就业的贡献率、对税收的贡献率、利润总额、利税总额的变化状况。

表 4-21 现代流通业与先进制造业对 GDP 的贡献率、对就业的贡献率、对税收贡献率

（单位：%）

年份	现代流通业			先进制造业		
	对 GDP 的贡献率	对就业的贡献率	对税收的贡献率	对 GDP 的贡献率	对就业的贡献率	对税收的贡献率
1990	13.75	18.56	3.98	36.11	3.15	2.37
1995	13.14	17.79	1.46	29.21	3.08	4.57
2000	12.83	14.53	0.60	31.64	1.80	3.98
2005	17.75	11.73	0.67	52.29	3.05	5.07
2006	17.07	11.19	0.66	56.55	3.29	5.51
2007	16.75	10.92	0.68	59.01	3.62	5.52
2008	16.85	10.93	1.55	61.70	4.14	5.93
2009	17.30	10.78	1.64	63.25	4.23	6.01
2010	17.65	10.52	1.86	67.18	4.69	6.43
2011	17.88	10.76	1.90	69.54	4.69	6.17
2012	18.28	10.78	1.90	67.48	4.80	6.00
2013	18.36	11.27	2.21	69.67	4.91	6.09
2014	16.06	11.16	2.07	68.64	4.44	68.10

图 4-23 现代流通业与先进制造业利润总额

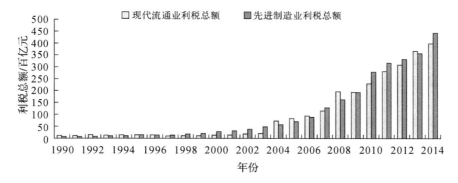

图 4-24 现代流通业与先进制造业利税总额

由表 4-23 和图 4-23、图 4-24，我们可以得出如下结论。

(1)总体来说，现代流通业与先进制造业的产业效益各指标发展趋势良好，除了现代流通业对就业贡献率呈现出下降趋势以外，其他指标均呈现上升趋势。

(2)1990—2014 年，现代流通业对就业的贡献率、利润总额高于先进制造业，现代流通业对 GDP 的贡献率、对税收的贡献率低于先进制造业。

(3)总的来说，现代流通业与先进制造业的产业效益呈现出协同趋势。

(六)现代流通业与先进制造业国际竞争力综合评价指数比较

现代流通业与先进制造业国际竞争力综合评价指数及其变化趋势见图 4-25。

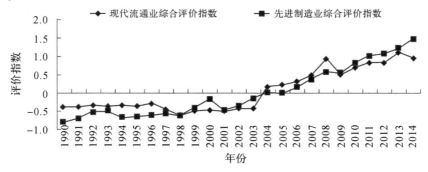

图 4-25 1990—2014 年现代流通业与先进制造业国际竞争力综合评价指数

根据图 4-25，我们可以知道现代流通业国际竞争力综合评价指数和先进制造业国际竞争力综合评价指数的变化趋势及差距。

(1)从总体来看，我国现代流通业与先进制造业的国际竞争力综合评价

指数都呈现上升趋势,现代流通业国际竞争力综合评价指数由 1990 年的
－0.3876 上升到 2014 年的 0.9371,先进制造业国际竞争力综合评价指数由
1990 年的－0.8148 上升到 2014 年的 1.4648,这说明我国现代流通业与先
进制造业的发展势头良好。

(2)1990—1998 年和 2004—2008 年,我国现代流通业的国际竞争力综
合评价指数高于先进制造业,其余年份低于先进制造业。

通过比较现代流通业和先进制造业的国际竞争力综合评价指数,可以
得出如下结论。

(1)从发展趋势来看,现代流通业和先进制造业的可持续发展能力评价
指数、产业效率评价指数、产业效益评价指数、综合评价指数均呈现稳步上
升趋势,发展态势良好。现代流通业和先进制造业的市场开拓能力评价指
数波动幅度比较大,没有呈现出增长趋势。现代流通业的科技创新能力呈
现缓慢下降趋势,先进制造业的科技创新能力评价指数呈现总体上升趋势。

(2)从发展差距来看,2009 年以后,现代流通业的可持续发展能力评价
指数、产业效率评价指数、产业效益评价指数、综合评价指数均低于先进制
造业,并且差距在扩大,这说明我国现代流通业的发展动力没有先进制造业
强劲。

我国制造业经过多年的快速发展,已基本形成了由现代生产技术支撑、
拥有巨大生产能力的生产体系,并形成了具有一定规模和层次的制造业集
群。与制造业发展速度相适应,流通业规模也逐渐扩大。但是,目前我国流
通业运作效率相对低下,流通信息化程度低,流通企业布局规划不合理,流
通业的发展明显滞后于制造业。

全球化时代,国家竞争优势体现在产业国际竞争力上。"丝绸之路经济
带"和"21 世纪海上丝绸之路"倡议的提出为我国产业国际竞争力的提升提
供了广阔空间。但是,美国制造业复兴计划又给我国产业国际化带来了一
定的压力和挑战。在当前的复杂环境下,想要在国际竞争中掌握主动权,必
须提高产业国际竞争力。现代流通业与先进制造业既有实现协同发展的需
要,也有实现协同发展的现实基础。

第四节　本章小结

本章主要对现代流通业与先进制造业国际竞争力做了评价与比较。评

价现代流通业与先进制造业时,对各指标进行标准化;进行 KMO 和 Bartlett's 球形度检验,剔除未通过相关系数显著性检验的指标;对科技创新能力、可持续发展能力、市场开拓能力、产业效率、产业效益五个子系统分别提取出主成分;以各主成分的方差贡献率所占比重为权重,将各子系统进行加权合成,得到现代流通业和先进制造业国际竞争力综合评价指数。

首先,在评价先进制造业前,对制造业 28 个子行业的科技创新能力评价指数、可持续发展能力评价指数、市场开拓能力评价指数、产业效率评价指数、产业效益评价指数和综合评价指数分别进行了计算,再将各行业综合评价指数与时间权重加权合成各行业的最终评分,取排名前 1/3 的行业为先进制造业。其次,对制造业 28 个子行业的科技创新能力、可持续发展能力、市场开拓能力、产业效率、产业效益各子系统评价指数和综合评价指数进行了计算,计算结果表明,仪器仪表及文化、办公用机械制造业,医药制造业,电气机械和器材制造业,计算机、通信和其他电子设备制造业,通用设备制造业,交通运输设备制造业,专用设备制造业,化学原料及化学制品制造业的最终评分位居前 1/3,为本书所界定的先进制造业。

其次,对现代流通业与先进制造业国际竞争力进行了国内和国际比较,不仅对 2004 年、2009 年、2014 年中国 30 个省区市的现代流通业与先进制造业国际竞争力进行了比较,对 1995—2014 年中、美、德、英、法、日六个国家的现代流通业与先进制造业国际竞争力进行了比较,还对现代流通业与先进制造业的国际竞争力进行了对比分析,从中发现两者的省域差距与国别差距。

通过以上分析,得出如下结论。

(1)现代流通业与先进制造业呈现出良好的发展势头。从国际竞争力综合评价指数变化趋势来看,现代流通业国际竞争力综合评价指数从 1990 年的 -0.3876 上升到 2014 年的 0.9371,先进制造业国际竞争力综合评价指数从 1990 年的 -0.8148 上升到 2014 年的 1.4648,两者均呈现明显上升趋势,这说明中国现代流通业与先进制造业发展势头良好,发展情况逐年改善。

(2)现代流通业与先进制造业子系统发展趋势差异明显。从国际竞争力子系统评价指数发展趋势来看,现代流通业和先进制造业的可持续发展能力评价指数、产业效率评价指数、产业效益评价指数均呈现稳步上升趋势,发展态势良好。现代流通业和先进制造业的市场开拓能力评价指数波动幅度比较大,没有呈现出增长趋势。现代流通业的科技创新能力呈现缓慢下降趋势,先进制造业的科技创新能力评价指数呈现大体上升趋势。

(3)现代流通业的发展滞后于先进制造业。从评价指数发展差距来看,2009 年以后,现代流通业的可持续发展能力评价指数、产业效率评价指数、产业效益评价指数、综合评价指数均低于先进制造业,并且差距在扩大,这说明中国现代流通业的发展明显滞后于现代制造业。在经济全球化背景下,先进制造业发展水平与现代流通业既有实现协同发展的需要,也有实现协同发展的现实基础。

(4)中国现代流通业的国际市场占有率低于美国、德国、英国、法国和日本,贸易竞争力高于美国、德国、英国、法国和日本,显示性比较优势指数低于日本、法国和德国。中国先进制造业国际市场占有率高于美国、德国、英国、法国和日本,贸易竞争力低于日本、德国和法国,显示性比较优势指数则远远落后于美国、德国、英国、法国和日本。

第五章　我国现代流通业与先进制造业
协同性测度分析

我国现代流通业与先进制造业以市场化为目标,伴随着改革的深入,走出了一条有中国特色的协同发展道路。

为了对中国现代流通业与先进制造业的协同程度做出合理判断和评价,本章利用动态 VAR 模型和隶属函数协同度模型来测度分析中国现代流通业与先进制造业的协同性指数。本章不仅测算了中国现代流通业与先进制造业子系统的协同性指数,包括科技创新能力、可持续发展能力、市场开拓能力、产业效率、产业效益的协同性指数,还测算了综合性协同指数;既测算了静态协同性指数,又测算了动态协同性指数,以期对中国现代流通业与先进制造业协同发展程度进行客观、准确又全面的分析。本章最后对现代流通业与先进制造业的协同性影响因素进行了灰色关联分析。

第一节　现代流通业与先进制造业协同性指数测度分析

本书利用动态 VAR 模型和隶属函数协同度模型来测度分析中国现代流通业与先进制造业协同性指数,包括子系统协同性指数和综合协同性指数,其中子系统协同性指数包括科技创新能力、可持续发展能力、市场开拓能力、产业效率、产业效益的协同性指数,各协同性指数又分为静态协同性指数和动态协同性指数。

测度分析时,首先利用 VAR 模型计算现代流通业与先进制造业国际竞争力综合评价指数的协调值,利用协调值计算出现代流通业对先进制造业的协同程度和先进制造业对现代流通业的协同程度。

一、现代流通业与先进制造业子系统协同性指数测度分析

(一)现代流通业与先进制造业科技创新能力协同性分析

1. 现代流通业与先进制造业科技创新能力评价指数协调值测度分析

首先,利用动态 VAR 模型计算现代流通业与先进制造业科技创新能力评价指数的协调值。在选择 VAR 模型滞后阶数时考虑了自由度、VAR 平稳性、不存在自相关、AIC 最小等情况,最后确定最优滞后阶数为 1。VAR 模型回归结果见表 5-1。

表 5-1　现代流通业与先进制造业科技创新能力的 VAR 模型回归结果

	$F(X_{1t-1})$	$G(Y_{1t-1})$	C	调整后 R^2	F
$F(X_{1t})$	0.8843	-0.0695	-0.0036	0.8150	46.2625
$G(Y_{1t})$	-0.0748	0.8876	0.0975	0.7974	40.6957

然后,利用 VAR 模型回归结果,测算出中国现代流通业国际竞争力综合评价指数 $F(X_t)$ 与先进制造业国际竞争力综合评价指数 $G(Y_t)$ 的协同值,计算结果见图 5-1、图 5-2。

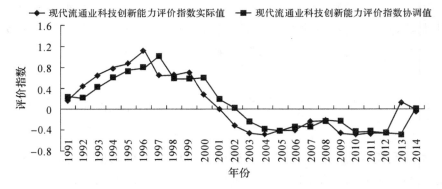

图 5-1　现代流通业科技创新能力评价指数的实际值和协调值

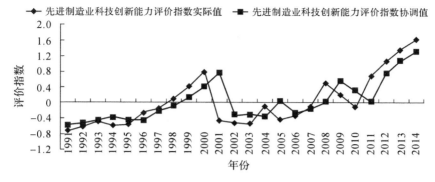

图 5-2 先进制造业科技创新能力评价指数的实际值和协调值

从计算结果来看,现代流通业科技创新能力评价指数的实际值和协调值、先进制造业科技创新能力评价指数的实际值和协调值拟合情况比较好,可以测算现代流通业与先进制造业科技创新能力的协同性指数。

2.现代流通业与先进制造业科技创新能力静态协同性指数测度分析

取得现代流通业与先进制造业科技创新能力评价指数的协调值之后,可测算出现代流通业对先进制造业科技创新能力的协同度 $u_1(x/y)$、先进制造业对现代流通业科技创新能力的协同度 $u_1(y/x)$。接着计算出现代流通业与先进制造业的科技创新能力静态协同性指数 $C_{1s}(x,y)$。计算结果见表5-2。

表 5-2 现代流通业与先进制造业科技创新能力静态协同性指数和协同程度

年份	静态协同性指数	静态协同程度
1992	0.8486	比较协同
1993	0.6944	弱协同
1994	0.9263	非常协同
1995	0.9736	非常协同
1996	0.7565	基本协同
1997	0.6121	弱协同
1998	0.9195	非常协同
1999	0.8498	比较协同
2000	0.6274	弱协同
2001	0.5217	轻度不协同

续表

年份	静态协同性指数	静态协同程度
2002	0.7334	基本协同
2003	0.9563	非常协同
2004	0.8337	比较协同
2005	0.6961	弱协同
2006	0.9610	非常协同
2007	0.9636	非常协同
2008	0.6439	弱协同
2009	0.8725	比较协同
2010	0.7308	基本协同
2011	0.6072	弱协同
2012	0.7337	基本协同
2013	0.9060	非常协同
2014	0.7785	基本协同
均值	0.7895	基本协同

根据协同性等级划分标准进行划分:$0 < C_s(x,y) < 0.4$ 为严重不协同,$0.4 \leqslant C_s(x,y) < 0.5$ 为中度不协同,$0.5 \leqslant C_s(x,y) < 0.6$ 为轻度不协同,$0.6 \leqslant C_s(x,y) < 0.7$ 为弱协同,$0.7 \leqslant C_s(x,y) < 0.8$ 为基本协同,$0.8 \leqslant C_s(x,y) < 0.9$ 为比较协同,$C_s(x,y) \geqslant 0.9$ 为非常协同。

1992—2014 年,中国现代流通业与先进制造业科技创新能力静态协同性指数平均值为 0.7895,处于基本协同阶段,这说明中国现代流通业与先进制造业的科技创新能力基本形成了共融共生、相辅相成的协同关系。

1992—2014 年,中国现代流通业与先进制造业科技创新能力协同发展处于非常协同阶段的年份是 1994 年、1995 年、1998 年、2003 年、2006 年、2007 年、2013 年,说明这几年现代流通业和先进制造业在科技创新方面互动非常频繁,联系非常密切;处于比较协同阶段的年份是 1992 年、1999 年、2004 年、2009 年,说明这几年现代流通业和先进制造业在科技创新方面互动比较频繁,联系比较密切,形成了较好的依存关系;处于基本协同阶段的年份是 1996 年、2002 年、2010 年、2012 年、2014 年,在这些年份中,现代流通业和先进制造业基本上形成了共融共生、相辅相成的协同关系;处于弱协同阶段的是 1993 年、1997 年、2000 年、2005 年、2008 年、2011 年,现代流通业和先进制造业在科技创新方面有一定程度的互动或合作,但合作活动比较少或者不够深入;处于轻度不协同阶段的是 2001 年,现代流通业和先进制造业缺乏互动,缺乏合作,彼此间联系较少。

3. 现代流通业与先进制造业科技创新能力动态协同性指数测度分析

中国现代流通业与先进制造业科技创新能力动态协同性指数 $C_{1d}(x,y)$ 测算结果如表 5-3 所示。

表 5-3　现代流通业与先进制造业科技创新能力动态协同性指数和协同程度

年份	动态协同性指数	动态协同程度
1992	0.8486	比较协同
1993	0.7715	基本协同
1994	0.8231	比较协同
1995	0.8607	比较协同
1996	0.8399	比较协同
1997	0.8019	比较协同
1998	0.8047	比较协同
1999	0.8103	比较协同
2000	0.7900	基本协同
2001	0.7632	基本协同
2002	0.7605	基本协同
2003	0.7768	基本协同
2004	0.7812	基本协同
2005	0.7751	基本协同
2006	0.7875	基本协同
2007	0.7985	基本协同
2008	0.7894	基本协同
2009	0.7940	基本协同
2010	0.7907	基本协同
2011	0.7815	基本协同
2012	0.7792	基本协同
2013	0.7850	基本协同
2014	0.7847	基本协同
均值	0.7956	基本协同

从表 5-3 我们可知,1992—2014 年,中国现代流通业与先进制造业科技创新能力动态协同性指数均值为 0.7956,处于基本协同阶段。从动态协同性指数变化趋势来看,中国现代流通业与先进制造业科技创新能力在大部分年份都处于基本协同阶段。

总之,根据 1992—2014 年现代流通业与先进制造业科技创新能力静态协同性指数和动态协同性指数测算结果,我们可以认为,中国现代流通业与先进制造业科技创新能力处于基本协同阶段,现代流通业和先进制造业在科技创新能力方面基本上形成了共融共生、相辅相成的协同关系。

(二)现代流通业与先进制造业可持续发展能力协同性分析

1. 现代流通业与先进制造业可持续发展能力评价指数协调值测度分析

方法如前,首先,建立 VAR 模型计算现代流通业与先进制造业可持续发展能力评价指数的协调值。根据 AIC 最小,结合自由度、VAR 平稳性、不存在自相关等标准,确定 VAR 模型最优滞后阶数为 2。

利用 VAR 模型回归结果,测算出中国现代流通业可持续发展能力评价指数与先进制造业可持续发展能力评价指数的协调值,结果显示现代流通业可持续发展能力评价指数的实际值和协调值、先进制造业可持续发展能力评价指数的实际值和协调值拟合情况比较好,可以测算现代流通业与先进制造业可持续发展能力的协同性指数。

2. 现代流通业与先进制造业可持续发展能力静态协同性指数测度分析

取得现代流通业与先进制造业可持续发展能力评价指数的协调值,测算出中国现代流通业对先进制造业可持续发展能力的协同度 $u_2(x/y)$、先进制造业对现代流通业可持续发展能力的协同度 $u_2(y/x)$。接着计算出现代流通业与先进制造业的静态协同性指数 $C_{2s}(x,y)$。计算结果见表 5-4。

表 5-4　现代流通业与先进制造业可持续发展能力静态协同性指数和协同程度

年份	静态协同性指数	静态协同程度
1992	0.9941	非常协同
1993	0.8523	比较协同
1994	0.9997	非常协同
1995	0.9986	比较协同
1996	0.9936	非常协同
1997	0.9629	非常协同

续表

年份	静态协同性指数	静态协同程度
1998	0.8711	比较协同
1999	0.9943	非常协同
2000	0.9974	非常协同
2001	0.9054	非常协同
2002	0.9618	非常协同
2003	0.9370	非常协同
2004	0.9965	非常协同
2005	0.9879	非常协同
2006	0.9100	非常协同
2007	0.9809	非常协同
2008	0.9705	非常协同
2009	0.9460	非常协同
2010	0.9836	非常协同
2011	0.9167	非常协同
2012	0.9851	非常协同
2013	0.9881	非常协同
2014	0.8472	比较协同
均值	0.9557	非常协同

　　根据协同性等级划分标准进行划分,1992—2014 年中国现代流通业与先进制造业可持续发展能力静态协同性指数平均值为 0.9557,处于非常协同阶段。

　　通过表 5-4 我们可以发现,1992—2014 年,除 1993 年、1995 年、1998年、2014 年以外,现代流通业与先进制造业可持续发展能力均处于非常协同状态,这说明中国现代流通业和先进制造业在可持续发展能力方面,互动非常频繁,联系非常密切,形成了非常好的共融共生、相辅相成的协同关系。

　　3. 现代流通业与先进制造业可持续发展能力动态协同性指数测度分析

　　利用相同方法测算中国现代流通业与先进制造业可持续发展能力动态协同性指数 $C_{2d}(x,y)$,测算结果如表 5-5 所示。

表 5-5 现代流通业与先进制造业可持续发展能力动态协同性指数和协同程度

年份	动态协同性指数	动态协同程度
1992	0.9941	非常协同
1993	0.9232	非常协同
1994	0.9487	非常协同
1995	0.9612	非常协同
1996	0.9676	非常协同
1997	0.9669	非常协同
1998	0.9532	非常协同
1999	0.9583	非常协同
2000	0.9627	非常协同
2001	0.9569	非常协同
2002	0.9574	非常协同
2003	0.9557	非常协同
2004	0.9588	非常协同
2005	0.9609	非常协同
2006	0.9575	非常协同
2007	0.9590	非常协同
2008	0.9596	非常协同
2009	0.9589	非常协同
2010	0.9602	非常协同
2011	0.9580	非常协同
2012	0.9593	非常协同
2013	0.9606	非常协同
2014	0.9539	非常协同
均值	0.9588	非常协同

从表 5-5 我们得知,1992—2014 年现代流通业与先进制造业可持续发展能力动态协同性指数均值为 0.9588,中国现代流通业与先进制造业在可持续发展能力方面处于非常协同阶段。

总之,根据1992—2014年静态协同性指数和动态协同性指数测度分析结果,我们认为中国现代流通业与先进制造业可持续发展能力处于非常协同阶段,现代流通业和先进制造业在可持续发展能力方面形成了非常好的共融共生、相辅相成的协同关系。

(三)现代流通业与先进制造业市场开拓能力协同性分析

1.现代流通业与先进制造业市场开拓能力评价指数协调值测度分析

首先,建立VAR模型计算现代流通业与先进制造业市场开拓能力评价指数的协调值。根据AIC最小,结合自由度、VAR平稳性、不存在自相关等标准,确定VAR模型最优滞后阶数为2。

利用VAR模型回归结果,测算出中国现代流通业市场开拓能力评价指数与先进制造业市场开拓能力评价指数的协调值。从计算结果来看,中国现代流通业市场开拓能力评价指数的实际值和协调值、先进制造业市场开拓能力评价指数的实际值和协调值基本拟合,可以测算现代流通业与先进制造业市场开拓能力的协同性指数。

2.现代流通业与先进制造业市场开拓能力静态协同性指数测度分析

根据现代流通业与先进制造业市场开拓能力评价指数的协调值,计算中国现代流通业对先进制造业市场开拓能力的协同度 $u_3(x/y)$、先进制造业对现代流通业市场开拓能力的协同度 $u_3(y/x)$。接着测算现代流通业与先进制造业的市场开拓能力静态协同性指数 $C_{3s}(x,y)$。计算结果见表5-6。

表5-6　现代流通业与先进制造业市场开拓能力静态协同性指数和协同程度

年份	静态协同性指数	静态协同程度
1992	0.6367	弱协同
1993	0.8474	比较协同
1994	0.4363	中度不协同
1995	0.9616	非常协同
1996	0.8593	比较协同
1997	0.9629	非常协同
1998	0.8711	比较协同
1999	0.4721	中度不协同
2000	0.5771	轻度不协同

续表

年份	静态协同性指数	静态协同程度
2001	0.5210	轻度不协同
2002	0.5064	轻度不协同
2003	0.9370	非常协同
2004	0.9995	非常协同
2005	0.5167	轻度不协同
2006	0.9205	非常协同
2007	0.7790	基本协同
2008	0.4951	中度不协同
2009	0.8651	比较协同
2010	0.7113	基本协同
2011	0.9167	非常协同
2012	0.6791	弱协同
2013	0.6957	弱协同
2014	0.9472	非常协同
均值	0.7441	基本协同

根据协同性等级划分标准进行划分,1992—2014 年中国现代流通业与先进制造业市场开拓能力静态协同性指数平均值为 0.7441,这说明中国现代流通业与先进制造业市场开拓能力处于基本协同阶段,形成了相互依存、相辅相成的基本协同关系。

1992—2014 年,中国现代流通业与先进制造业市场开拓能力协同性指数波动幅度大。现代流通业与先进制造业市场开拓能力协同发展处于非常协同阶段的年份是 1995 年、1997 年、2003 年、2004 年、2006 年、2011 年、2014 年,说明这几年现代流通业和先进制造业在市场开拓方面互动非常频繁,联系非常密切;处于比较协同阶段的年份是 1993 年、1996 年、1998 年、2009 年,说明这几年现代流通业和先进制造业在市场开拓能力方面互动比较频繁,联系比较密切,形成了较好的协同关系;处于基本协同阶段的年份是 2007 年、2010 年,说明在这两年中现代流通业和先进制造业基本上形成了相互依存、相辅相成的协同关系;处于弱协同阶段的年份是 1992 年、2012

年、2013年,现代流通业和先进制造业在市场开拓方面有一定程度互动或合作,但合作活动比较少或者不够深入;处于轻度不协同阶段的是2000年、2001年、2002年、2005年,现代流通业和先进制造业缺乏互动,缺乏合作,彼此间联系比较少;处于中度不协同阶段的是1994年、1999年、2008年,现代流通业和先进制造业在市场开拓方面相互独立,很少有互动或者没有互动。

3.现代流通业与先进制造业市场开拓能力动态协同性指数测度分析

利用相同方法测度分析中国现代流通业与先进制造业市场开拓能力动态协同性指数 $C_{3d}(x,y)$,测算结果如表5-7所示。

表5-7 现代流通业与先进制造业市场开拓能力动态协同性指数和协同程度

年份	动态协同性指数	动态协同程度
1992	0.6367	弱协同
1993	0.7421	基本协同
1994	0.6401	弱协同
1995	0.7205	基本协同
1996	0.7483	基本协同
1997	0.7841	基本协同
1998	0.7965	基本协同
1999	0.7559	基本协同
2000	0.7361	基本协同
2001	0.7146	基本协同
2002	0.6956	弱协同
2003	0.7157	基本协同
2004	0.7376	基本协同
2005	0.7218	基本协同
2006	0.7350	基本协同
2007	0.7378	基本协同
2008	0.7235	基本协同
2009	0.7314	基本协同
2010	0.7303	基本协同

续表

年份	静态协同性指数	静态协同程度
2011	0.7396	基本协同
2012	0.7368	基本协同
2013	0.7349	基本协同
2014	0.7441	基本协同
均值	0.7287	基本协同

从表 5-7 我们可知,1992—2014 年现代流通业与先进制造业市场开拓能力动态协同性指数均值为 0.7287,中国现代流通业与先进制造业在市场开拓能力方面处于基本协同阶段。

总之,根据 1992—2014 年静态协同性指数和动态协同性指数测算结果,我们认为中国现代流通业与先进制造业市场开拓能力处于基本协同阶段,现代流通业和先进制造业在市场开拓能力方面形成了相互依存、相辅相成的基本协同关系。

(四)现代流通业与先进制造业产业效率协同性分析

1.现代流通业与先进制造业产业效率评价指数协调值测度分析

利用 VAR 模型计算现代流通业与先进制造业产业效率评价指数的协调值。根据 AIC 最小,结合自由度、VAR 平稳性、不存在自相关等标准,确定 VAR 模型最优滞后阶数为 1。

利用 VAR 模型回归结果,测算出中国现代流通业产业效率评价指数与先进制造业效率评价指数的协调值。现代流通业效率评价指数的实际值和协调值、先进制造业效率评价指数的实际值和协调值拟合情况比较好。

2.现代流通业与先进制造业产业效率静态协同性指数测度分析

取得现代流通业与先进制造业效率评价指数的协调值之后,测算出中国现代流通业对先进制造业效率的协同度、先进制造业对现代流通业效率协同度。接着,计算现代流通业与先进制造业产业效率静态协同性指数 $C_{4s}(x,y)$。计算结果见表 5-8。

表 5-8　现代流通业与先进制造业产业效率静态协同性指数和协同程度

年份	静态协同性指数	静态协同程度
1992	0.9928	非常协同
1993	0.9435	非常协同
1994	0.8060	比较协同
1995	0.9721	非常协同
1996	0.8594	比较协同
1997	0.9629	非常协同
1998	0.8711	比较协同
1999	0.9812	非常协同
2000	0.7893	基本协同
2001	0.8636	比较协同
2002	0.9931	非常协同
2003	0.9370	非常协同
2004	0.8537	比较协同
2005	0.9970	非常协同
2006	0.9314	非常协同
2007	0.9464	非常协同
2008	0.8929	比较协同
2009	0.8132	比较协同
2010	0.9249	非常协同
2011	0.9167	非常协同
2012	0.9859	非常协同
2013	0.9835	非常协同
2014	0.9685	非常协同
均值	0.9190	非常协同

　　根据协同性等级划分标准进行划分,1992—2014 年中国现代流通业与先进制造业产业效率静态协同性指数平均值为 0.9190,处于非常协同阶段,这说明中国现代流通业与先进制造业在产业效率方面形成了非常好的共融

共生、相辅相成的协同关系。

3. 现代流通业与先进制造业产业效率动态协同性指数测度分析

利用相同方法测算中国现代流通业与先进制造业产业效率动态协同性指数,测度分析结果如表 5-9 所示。

表 5-9 现代流通业与先进制造业产业效率动态协同性指数和协同程度

年份	动态协同性指数	动态协同程度
1992	0.9928	非常协同
1993	0.9681	非常协同
1994	0.9141	非常协同
1995	0.9286	非常协同
1996	0.9148	非常协同
1997	0.9228	非常协同
1998	0.9154	非常协同
1999	0.9236	非常协同
2000	0.9087	非常协同
2001	0.9042	非常协同
2002	0.9123	非常协同
2003	0.9143	非常协同
2004	0.9097	非常协同
2005	0.9159	非常协同
2006	0.9169	非常协同
2007	0.9188	非常协同
2008	0.9173	非常协同
2009	0.9115	非常协同
2010	0.9122	非常协同
2011	0.9124	非常协同
2012	0.9159	非常协同
2013	0.9190	非常协同
2014	0.9211	非常协同
均值	0.9213	非常协同

从表 5-9 我们可知,1992—2014 年现代流通业与先进制造业产业效率动态协同性指数均值为 0.9213,处于非常协同阶段。

总之,根据 1992—2014 年现代流通业与先进制造业产业效率静态协同性指数和动态协同性指数测算结果,我们认为中国现代流通业与先进制造业在产业效率方面处于非常协同程度,形成了非常好的共融共生、相辅相成的协同关系。

(五)现代流通业与先进制造业产业效益协同性分析

1.现代流通业与先进制造业产业效益评价指数协调值测度分析

首先,建立 VAR 模型计算现代流通业与先进制造业产业效益评价指数的协调值。根据 AIC 最小,结合自由度、VAR 平稳性、不存在自相关等标准,确定 VAR 模型最优滞后阶数为 2。

现代流通业产业效益评价指数的实际值和协调值、先进制造业产业效益评价指数的实际值和协调值拟合情况比较好。

2.现代流通业与先进制造业产业效益静态协同性指数测度分析

取得现代流通业与先进制造业产业效益评价指数的协调值之后,测算出中国现代流通业对先进制造业产业效益的协同度、先进制造业对现代流通业产业效益的协同度。接着,根据计算出现代流通业与先进制造业的产业效益静态协同性指数 $C_{5s}(x,y)$。计算结果见表 5-10。

表 5-10　现代流通业与先进制造业产业效益静态协同性指数和协同程度

年份	静态协同性指数	静态协同程度
1992	0.9263	非常协同
1993	0.9869	非常协同
1994	0.9551	非常协同
1995	0.9836	非常协同
1996	0.9813	非常协同
1997	0.9629	非常协同
1998	0.8711	比较协同
1999	0.9210	非常协同
2000	0.9299	非常协同
2001	0.9824	非常协同

续表

年份	静态协同性指数	静态协同程度
2002	0.9441	非常协同
2003	0.9370	非常协同
2004	0.9443	非常协同
2005	0.9426	非常协同
2006	0.9226	非常协同
2007	0.9385	非常协同
2008	0.8525	比较协同
2009	0.9297	非常协同
2010	0.9691	非常协同
2011	0.9167	非常协同
2012	0.9784	非常协同
2013	0.9345	非常协同
2014	0.9506	非常协同
均值	0.9418	非常协同

根据协同性等级划分标准进行划分，1992—2014 年中国现代流通业与先进制造业产业效益静态协同性指数平均值为 0.9418，处于非常协同阶段。

通过表 5-10 我们可知，在 1992—2014 年的大部分年份，现代流通业与先进制造业产业效益处于非常协同状态，这说明中国现代流通业和先进制造业在产业效益方面互动非常频繁，联系非常密切，相互合作广泛又深入，形成了非常好的共融共生、相辅相成的协同关系。

3. 现代流通业与先进制造业产业效益动态协同性指数测度分析

利用相同方法测算中国现代流通业与先进制造业产业效益动态协同性指数，测算结果如表 5-11 所示。

表 5-11　现代流通业与先进制造业产业效益动态协同性指数和协同程度

年份	动态协同性指数	动态协同程度
1992	0.9263	非常协同
1993	0.9566	非常协同

续表

年份	动态协同性指数	动态协同程度
1994	0.9561	非常协同
1995	0.9630	非常协同
1996	0.9667	非常协同
1997	0.9660	非常协同
1998	0.9525	非常协同
1999	0.9486	非常协同
2000	0.9465	非常协同
2001	0.9501	非常协同
2002	0.9495	非常协同
2003	0.9485	非常协同
2004	0.9482	非常协同
2005	0.9478	非常协同
2006	0.9461	非常协同
2007	0.9456	非常协同
2008	0.9401	非常协同
2009	0.9396	非常协同
2010	0.9411	非常协同
2011	0.9399	非常协同
2012	0.9417	非常协同
2013	0.9414	非常协同
2014	0.9425	非常协同
均值	0.9480	非常协同

从表 5-11 我们可知,1992—2014 年现代流通业与先进制造业产业效益动态协同性指数均值为 0.9480,处于非常协同阶段。

总之,根据 1992—2014 年现代流通业与先进制造业产业效益静态协同性指数和动态协同性指数测算结果,我们认为中国现代流通业与先进制造业在产业效益方面形成了非常好的共融共生、相辅相成的协同关系,处于非常协同阶段。

二、现代流通业与先进制造业综合协同性分析

(一)现代流通业与先进制造业综合评价指数协调值测度分析

利用动态 VAR 模型计算现代流通业与先进制造业国际竞争力综合评价指数的协调值。在选择 VAR 模型滞后阶数时考虑了自由度、VAR 平稳性、不存在自相关、AIC 最小等情况,最后确定最优滞后阶数为 2。

现代流通业国际竞争力综合评价指数的实际值和协调值、先进制造业国际竞争力综合评价指数的实际值和协调值拟合情况比较好,可以测算现代流通业与先进制造业的协同性指数。

(二)现代流通业与先进制造业综合静态协同性指数测度分析

取得现代流通业与先进制造业国际竞争力综合评价指数的协调值之后,测算出现代流通业对先进制造业的协同程度 $u(x/y)$、先进制造业对现代流通业的协同程度 $u(y/x)$。接着,计算出现代流通业与先进制造业的综合静态协同性指数 $C_s(x,y)$。计算结果见表 5-12 和图 5-3。

表 5-12 现代流通业与先进制造业综合静态协同性指数和协同程度

年份	静态协同性指数	静态协同程度
1992	0.9819	非常协同
1993	0.6807	弱协同
1994	0.8745	比较协同
1995	0.9944	非常协同
1996	0.9856	非常协同
1997	0.9422	非常协同
1998	0.7483	基本协同
1999	0.9645	非常协同
2000	0.7304	基本协同
2001	0.9748	非常协同
2002	0.9618	非常协同
2003	0.9863	非常协同
2004	0.9182	非常协同
2005	0.7008	基本协同

续表

年份	静态协同性指数	静态协同程度
2006	0.9517	非常协同
2007	0.9712	非常协同
2008	0.5566	轻度不协同
2009	0.8362	比较协同
2010	0.8624	比较协同
2011	0.9791	非常协同
2012	0.6587	弱协同
2013	0.9693	非常协同
2014	0.8734	比较协同
均值	0.8740	比较协同

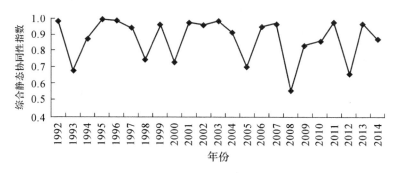

图 5-3　现代流通业与先进制造业综合静态协同性指数

根据协同性等级划分标准进行划分,1992—2014 年中国现代流通业与先进制造业静态协同性指数平均值为 0.8740,这说明中国现代流通业与先进制造业处于比较协同阶段,形成了较好的共融共生、相辅相成的协同关系。

1992—2014 年,处于非常协同阶段的年份最多,分别是 1992 年、1995年、1996 年、1997 年、1999 年、2001 年、2002 年、2003 年、2004 年、2006 年、2007 年、2011 年、2013 年,说明这几年现代流通业和先进制造业互动非常频繁,联系非常密切;处于比较协同阶段的年份是 1994 年、2009 年、2010 年和2014 年,说明这几年现代流通业和先进制造业互动比较频繁,联系比较密切,形成了较好的依存关系;处于基本协同阶段的年份是 1998 年、2000 年和

2005 年,说明在这几年中现代流通业和先进制造业基本上形成了共融共生、相辅相成的协同关系;处于弱协同阶段的年份是 2012 年,说明这一年现代流通业和先进制造业缺乏互动,合作不够深入;处于轻度不协同阶段的年份是 2008 年,说明这一年现代流通业和先进制造业发展差距巨大,发展中不协同、不平衡问题比较突出。

（三）现代流通业与先进制造业综合动态协同性指数测度分析

现代流通业与先进制造业综合动态协同性指数测算结果如表 5-13、图 5-4所示。

表 5-13　现代流通业与先进制造业综合动态协同性指数

年份	动态协同性指数	动态协同程度
1992	0.9819	非常协同
1993	0.8313	比较协同
1994	0.8457	比较协同
1995	0.8829	比较协同
1996	0.9034	非常协同
1997	0.9099	非常协同
1998	0.8868	比较协同
1999	0.8965	比较协同
2000	0.8780	比较协同
2001	0.8877	比较协同
2002	0.8945	比较协同
2003	0.9021	非常协同
2004	0.9033	非常协同
2005	0.8889	比较协同
2006	0.8931	比较协同
2007	0.8980	比较协同
2008	0.8779	比较协同
2009	0.8756	比较协同
2010	0.8749	比较协同
2011	0.8801	比较协同

续表

年份	动态协同性指数	动态协同程度
2012	0.8695	比较协同
2013	0.8741	比较协同
2014	0.8691	比较协同
均值	0.8872	比较协同

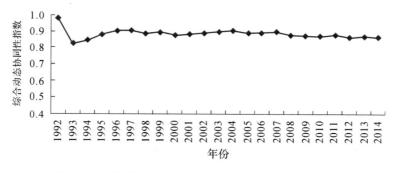

图 5-4　现代流通业与先进制造业综合动态协同性指数

从表 5-13 和图 5-4 我们可知,中国现代流通业与先进制造业历年综合动态协同性指数均值为 0.8872,处于比较协同阶段。

由前文可知,若 $C_d(t_1) \geqslant C_d(t_2)$,则表明现代流通业与先进制造业一直处在协同发展的轨迹上。但是,2008 年至今,中国现代流通业和先进制造业动态协同性指数没有呈现明显上升趋势,这可能与子系统评价指数的差距扩大有关。2010 年以后,先进制造业科技创新能力评价指数呈现明显上升趋势,而现代流通业科技创新能力评价指数呈现微弱下降趋势,并且这个差距在扩大,这在一定程度上影响了总评价指数的协同性。

此外,现代流通业和先进制造业协同性指数没有呈现明显上升趋势也可能与近几年的经济发展环境有关。2008 年爆发的金融危机,不仅动摇了世界经济的格局,也给中国经济带来较大影响。中国经济不仅面临着国际需求不足、发达国家消费不振等外部阻力,也面临着土地等硬性成本快速上升、通胀、产能过剩、汇率困局等内部阻力,导致中国现代流通业和先进制造业协同发展程度有所降低。

三、现代流通业与先进制造业协同发展阶段

根据中国现代流通业与先进制造业综合协同性评价指数的变化趋势

图,我们把两者的协同发展阶段分为产业间分工协作、产业内分工协作、比较协同阶段、高效协同阶段,具体协同发展历程如图 5-5 所示。

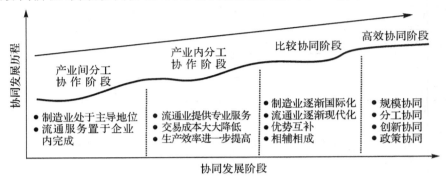

图 5-5　中国现代流通业与先进制造业协同发展历程

（一）产业间分工协作阶段

1978—1991 年,中国现代流通业与先进制造业处于简单的产业间分工协作阶段。在这个阶段中,制造业和流通业拥有独立可分的技术和需求,制造业专注于大规模生产,把许多流通服务置于企业内部完成。流通业仅仅是生产和消费的媒介,只要完成商品从生产领域到消费领域的转移任务即可。此外,在这个阶段,商品相对缺乏,制造商不愁商品销路,而消费者需求主要集中于商品的数量和质量,甚至更偏向于数量,对多样性和个性化要求不高,流通渠道控制在制造商手中。制造业处于主导地位,流通业并未引起足够的重视,两者只发生简单的产生间分工协作。

（二）产业内分工协作阶段

1992—2001 年,中国现代流通业与先进制造业处于产业内分工协作阶段。1992 年,中国政府在流通领域实行对外开放试点,这意味着中国流通业开始走向世界。流通领域的开放带来了一场新的流通革命,改变了传统的商商关系、工商关系、农商关系和商群关系,通过统一采购、统一配送,实现流通体系一体化,最大限度地压缩流通环节,降低流通成本。与此同时,社会需求发生新的变化,买方市场逐渐形成,居民消费升级步伐加快,个性化潮流趋势明显。制造企业需要流通企业的分销服务和需求反馈来加快对市场的反应速度,也需要借助流通企业提供的专业服务降低交易成本,提高生产效率,两者形成了复杂、深入的产业内分工协同关系,两者拥有的技术和需求也由原来的独立可分转变为交换共享。

（三）比较协同阶段

2001年至今,中国现代流通业与先进制造业处于比较协同阶段。2001年中国加入世界贸易组织(WTO),这标志着我国贸易、投资、金融等方面全面融入世界经济体系,市场开放程度迈上新的台阶,中国流通业现代化、制造业国际化也迈入了新的阶段。随着跨国公司全球布局的调整,制造业逐渐转移到劳动成本低的国家和地区,中国是众多工业品的世界性制造基地,成为跨国公司的加工基地和全球制造中心。这在客观上为现代流通业的发展创造了广阔的发展空间和市场需求,内外资流通企业同台竞技、共谋发展,电子商务、连锁经营、物流配送等现代流通组织和流通形式快速发展,电视购物、网上购物等新型购销方式如雨后春笋般层出不穷。在这一阶段,现代流通业和先进制造业相辅相成,互动频繁,处于比较协同阶段。

但是由于中国流通企业规模较小,创新能力较弱,市场开拓能力、产业效率、产业效益水平均低于先进制造业。流通企业尚未能准确把握商品销售信息和顾客需求信息并有效地反馈给制造企业,指导制造企业进行商品改良、产品促销等,更重要的是,并不能发挥其在商品增值中的重要作用,因此,两者的协同虽然是全面的,但是不够深入,只能说是比较协同。

因此,我们需要寻找影响现代流通业与先进制造业协同发展的因素,从而有针对性地提出对策建议,推动两者加深合作,进入高效协同阶段。

第二节　现代流通业与先进制造业协同性影响因素分析

1990年以来,我国现代流通业与先进制造业都获得了长足发展。但其协同性指数却没有呈现出明显上升趋势,这就需要深入探讨现代流通业与先进制造业协同发展的影响因素。

一、现代流通业与先进制造业协同性影响因素的理论分析

现代流通业与先进制造业都是建立在现代科学技术基础上,以新的经营模式、管理方式为支撑的技术和知识密集型产业。从生产函数构成的角度讲,现代流通业与先进制造业的协同发展需要投入大量的物质资本、人力资本、技术资本。此外,现代流通业与先进制造业的协同发展也受到多个内外部因素的影响,如经济开放程度、政策因素、市场因素等。

（一）物质资本

物质资本是现代流通业与先进制造业协同发展的物质基础，对促进现代流通业与先进制造业的协同发展起着基础性作用。物质资本对现代流通业与先进制造业协同发展的影响主要表现在宏观和微观两方面。从宏观方面来看，物质资本包括固定资产投资的增加，能有效增加社会总需求，从而促进经济增长，带来经济繁荣。物质资本能起到投资导向作用，引导现代流通业与先进制造业转型升级，从而有利于转变经济增长方式，提高综合国力。本书用现代流通业与先进制造业固定资产投资额增长率来表示宏观方面的物质资本。从微观方面来看，物质资本的增加，或者基础设施的改进可以降低现代流通业与先进制造业的生产成本，提高生产效率。本书用铁路分布密度和公路分布密度来表示微观方面的物质资本。铁路分布密度＝铁路里程／土地面积，公路分布密度＝公路里程／土地面积。

（二）人力资本

人力资本是所有生产要素中最重要也是最高端的，是提高现代流通业与先进制造业协同效率和创新能力的关键因素。人力资本对现代流通业与先进制造业协同发展的影响主要体现为具有丰富知识、技能、经验、较好身体素质的高素质人才对现代流通业与先进制造业协同发展的影响。首先，现代流通业与先进制造业要应用先进技术开发新产品、新工艺，或者利用先进技术对传统产品进行改造升级，需要具有丰富知识与经验、较高技能水平的高素质人才。其次，人力资本对提高管理有效性也起着至关重要的作用。现代流通业与先进制造业的协同是一项复杂无比的工作，对劳动者的素质要求较高，劳动者不仅要拥有丰富的现代管理学理论知识，还应具备跨专业、跨学科的知识背景。只有拥有高素质人才，才能提高现代流通业与先进制造业的生产效率、管理效率及协同效率。最后，现代流通业与先进制造业创新能力及协同创新绩效的提升更需要高端人才。本书用高等教育入学率、教育经费占 GDP 比重来表示人力资本。

（三）技术资本

技术资本是现代流通业与先进制造业协同发展的必要条件。先进技术不仅是引导和促进现代流通业与先进制造业革新的动力，也是实现现代流通业与先进制造业高效协作的主要途径。例如，数控技术、工业机器人、柔性制造系统（FMS）、计算机集成制造系统（CIMS）等实现了产品从决策、设计、生产、流通到销售整个生产过程的自动化；企业客户关系管理（CRM）、供应链管理(SCM)、价值管理(VBM)等完全可以耦合现代流通业与先进制造业的生产经营体系;电子数据交换技术(EDI)的应用将制造企业和流通企业的生产管理、销售管理、物料需求、仓库管理、商业POS系统等有机地结合起来。在现代信息技术推动下,制造企业和流通企业纷纷改造或集成业务流程,按照现代技术理念整合成一个以供应链为纽带的一体化业务流程。在这个一体化业务流程中,供应商、经销商及客户之间建立起共生、共存的协同伙伴关系。本书用现代流通业与先进制造业的 R&D 强度和人均 R&D 经费支出来表示技术资本。

(四)经济开放程度

在开放的经济环境中,现代流通业与先进制造业能获得更多的参与国际分工和国际合作的机会,借助国际市场和国际贸易,协同发展空间更大。在经济开放程度高的地区,制造业产业链的配置方式、范围与外部经济紧密相连,产业链向两端延伸、价值链向高端攀升的可能性更大。此外,在经济开放度高的地区,制造业为整合全球竞争优势,不断向国外拓展市场空间,会引导和带动为其配套的流通服务业到国外开辟分支机构,拓展国际分工协作网络,实现国际国内的协同发展。此外,外资直接投资有利于现代流通业与先进制造业提高协同效率,并通过示范效应和竞争效应提升现代流通业与先进制造业协同发展的经济效益。本书用外贸依存度和人均 FDI(人均外商直接投资)来表示经济开放程度。

(五)政策因素

政策是影响现代流通业与先进制造业协同发展的一个非常关键的外部因素,积极合理的行业政策、财政政策,能为现代流通业与先进制造业协同性提供政策保障和财力支持,能有效刺激现代流通业与先进制造业的协同合作。对于处于工业化中后期的中国来说,财政政策的支持力度在一定程度上反映了工业化水平。财政政策对提高自主创新能力、促进协同发展服务平台建设、完善保障机制等均有积极意义。本书用人均财政支出来代表政策因素。

(六)市场因素

市场是现代流通业与先进制造业协同发展的场所,对现代流通业与先进制造业协同性具有重要影响。市场因素中,人口结构是影响市场交易行为、供求关系、消费需求的重要因素。其中,充足的劳动力供给能够降低劳动力成本,增加商品有效供给。合适的人口结构能够提高消费水平并且影响商品交易市场的发展趋势。本书用14～64岁人口数量占总人口数的比重来表示人口结构。14～64岁人口是劳动适龄人口,是生产的主力,并且他们消费领域广,从某种意义上来讲,14～64岁人口规模反映了消费者数量规模。

此外,影响现代流通业与先进制造业协同发展的因素还有地理位置。流通企业和制造企业间的地理位置相近,则意味着与资源、市场相近,有利于企业及时了解资源和市场需求变化。更重要的是,地理位置相近的企业,在学习和创新的动力、环境、组织等方面具有更明显的优势,信息、技术及创新成果等更易于被其他企业学习和吸收,扩散更快。地理位置相近或具有地理优势的制造企业不仅能形成制造企业集聚效应,也能形成与之相关联的流通企业集聚效应。同样,地理位置相近或具有地理优势的流通企业不仅能形成流通企业集聚效应,也能形成与之相关联的制造企业集聚效应(朱有为、张向阳,2005)。例如,德国的 Bremen Freight Village、比利时的 Cargovil 物流园区就以制造企业的发展为依托,与制造企业和商业企业形成了密切的交易联系;日本东京和平岛物流基地其实是一个功能关联型产业集群,由产业关联企业集聚而成;南京的四大物流集聚区带动了电子、汽车、石化、钢铁、能源等产业的发展。一个地区内,制造企业或流通企业集聚的数量越多,企业信息共享、交流越频繁,规模经济和集聚效应就越明显。

二、现代流通业与先进制造业协同性影响因素的灰色关联分析

(一)研究方法

本书使用灰色关联模型对现代流通业与先进制造业的协同性影响因素进行实证检验。

灰色关联模型理论认为,经济系统中各因素的发展变化态势越相似,即其几何形状越接近,则它们的关联程度越大。灰色关联模型从信息的非完备性和不确定性出发,研究和处理复杂系统内部的变化趋势和相互关系,这种方法可以较好地解决指标难以量化和统计的问题,排除人为因素带来的影响,使分析结果更加客观、准确。灰色关联模型的核心是计算关联度,关联度越大,说明各因素的关联性越大(孙金秀,2014)。灰色关联模型的具体分析步骤如下。

(1)确定参考序列和比较序列。

（2）对指标数据序列进行规范化处理，将原始数据转化为无量纲值，常用的处理方法有初值化转化和均值化转化。

（3）计算关联系数。

$$\xi_i(k) = \frac{\min_i\min_k |C_k^* - C_k^i| + \rho\,\max_i\max_k |C_k^* - C_k^i|}{|C_k^* - C_k^i| + \rho\,\max_i\max_k |C_k^* - C_k^i|} \tag{5-1}$$

式中，$\xi_i(k)$ 为第 i 个方案第 k 个指标与第 k 个最优指标的关联系数；$\{C^*\} = [C_1^*, C_2^*, \cdots, C_n^*]$ 为参考序列；$\{C\} = [C_1^i, C_2^i, \cdots, C_n^i]$ 为比较序列；ρ 为分辨系数，$\rho \in [0,1]$，一般取值 0.5。

（4）计算灰色关联度（r_i）。灰色关联系数数值较多且较分散，不利于有效信息采集，一般对灰色关联系数求平均值，即

$$r_i = \frac{1}{n}\sum_{k=1}^{n} \xi_i(k) \tag{5-2}$$

关联度越接近于 1，说明关联性越强。根据经验，当 $0.85 \leqslant r_i \leqslant 1$ 时，说明关联非常密切，当 $0.6 \leqslant r_i < 0.85$ 时，说明关联性显著，当 $r_i < 0.6$ 时，说明关联度较小。

（二）变量说明

现代流通业与先进制造业的协同性是由物质资本、人力资本、技术资本、经济开放程度、政策、市场等因素决定。本书选取现代流通业与先进制造业静态协同性指数 $C_s(x, y)$ 作为被解释变量。选取固定资产投资额增长率 $Z_1(t)$、铁路分布密度 $Z_2(t)$、公路分布密度 $Z_3(t)$ 代表物质资本影响因素；选取高等教育入学率 $Z_4(t)$、教育经费占 GDP 比重 $Z_5(t)$ 代表人力资本影响因素；选取 R&D 强度 $Z_6(t)$、人均 R&D 经费支出 $Z_7(t)$ 代表技术资本因素；选取外贸依存度 $Z_8(t)$、人均 FDI $Z_9(t)$ 代表经济开放度；选取人均财政支出 $Z_{10}(t)$ 代表政策因素；选取人口结构 $Z_{11}(t)$ 代表市场因素。

以上变量中，固定资产投资额增长率 $Z_1(t)$、研发强度 $Z_6(t)$、人均 R&D 经费支出 $Z_7(t)$ 数据来自前文分析，铁路分布密度 $Z_2(t)$、公路分布密度 $Z_3(t)$、高等教育入学率 $Z_4(t)$、教育经费占 GDP 比重 $Z_5(t)$、外贸依存度 $Z_8(t)$、人均 FDI $Z_9(t)$、人均财政支出 $Z_{10}(t)$、人口结构 $Z_{11}(t)$ 数据来自 1991—2015 年《中国统计年鉴》，经加工整理而得。

变量解释和描述性统计见表 5-14 和表 5-15。

表 5-14　现代流通业与先进制造业协同性影响因素指标解释

因素	变量	单位	指标解释
物质资本	固定资产投资额增长率 $Z_1(t)$	%	现代流通业和先进制造业固定资产投资额增长率,反映固定资产增长速度
	铁路分布密度 $Z_2(t)$	公里/平方公里	铁路分布密度 = 铁路营业里程/土地面积,反映交通运输投入程度和发达程度
	公路分布密度 $Z_3(t)$	公里/平方公里	公路分布密度 = 公路营业里程/土地面积,反映交通运输投入程度和发达程度
人力资本	高等教育入学率 $Z_4(t)$	%	指高等教育在学人数与适龄人口之比。适龄人口是指 18 ~ 22 岁年龄段的人口数
	教育经费占 GDP 比重 $Z_5(t)$	%	指教育经费占 GDP 比重,反映教育资源投入程度和教育水平
技术资本	R&D 强度 $Z_6(t)$	%	现代流通业和先进制造业研发支出经费占销售收入比重,反映现代流通业和先进制造业技术资本投入程度和技术创新能力
	人均 R&D 经费支出 $Z_7(t)$	百元/人	人均 R&D 经费支出 = 现代流通业和先进制造业 R&D 经费总支出/就业人数,反映现代流通业和先进制造业技术资本投入程度和技术创新能力
经济开放程度	外贸依存度 $Z_8(t)$	%	外贸依存度 = 进出口总额/GDP,反映对外贸易开放程度
	人均 FDI $Z_9(t)$	美元/人	人均 FDI = FDI实际利用额/总人口,反映外商直接投资发展水平
政策因素	人均财政支出 $Z_{10}(t)$	千元/人	人均财政支出 = 人均财政支出财政总支出/总人口,反映财政支持力度
市场因素	人口结构 $Z_{11}(t)$	%	指 14 ~ 64 岁人口数量占总人口数的比重,反映劳动力规模和消费规模

表 5-15　各变量的描述性统计

序　列	变　量	最小值	最大值	均值	标准差
参考序列	静态协同性指数 $C(t)$	0.60	0.98	0.8934	0.08314
比较序列	固定资产投资额增长率 $Z_1(t)$	0.06	0.35	0.1847	0.07834
	铁路分布密度 $Z_2(t)$	0.01	0.01	0.0078	0.00132
	公路分布密度 $Z_3(t)$	0.11	0.45	0.2508	0.13253
	高等教育入学率 $Z_4(t)$	0.23	0.68	0.4896	0.16854
	教育经费占 GDP 比重 $Z_5(t)$	0.02	0.04	0.0294	0.00556
	R&D 强度 $Z_6(t)$	0.00	0.01	0.0037	0.00357
	人均 R&D 经费支出 $Z_7(t)$	0.01	0.17	0.0589	0.03643
	外贸依存度 $Z_8(t)$	0.04	0.65	0.4368	0.13959
	人均 FDI $Z_9(t)$	9.39	86.41	47.7501	21.77954
	人均财政支出 $Z_{10}(t)$	0.27	3.23	1.179	0.97943
	人口结构 $Z_{11}(t)$	0.66	0.75	0.7038	0.02852

（三）灰色关联度分析

本书利用 GM 软件来分析 1992—2014 年现代流通业与先进制造业静态协同性指数与各因素之间的灰色关联度。将现代流通业与先进制造业静态协同性指数作为参考序列，固定资产投资额增长率 $Z_1(t)$、铁路分布密度 $Z_2(t)$、公路分布密度 $Z_3(t)$、高等教育入学率 $Z_4(t)$、教育经费占 GDP 比重 $Z_5(t)$、R&D 强度 $Z_6(t)$、人均 R&D 经费支出 $Z_7(t)$、外贸依存度 $Z_8(t)$、人均 FDI $Z_9(t)$、人均财政支出 $Z_{10}(t)$、人口结构 $Z_{11}(t)$ 作为比较序列。

本书首先应用初值法对各影响因素变量进行无量纲化处理。每个变量的所有数据除以第一个数据，得到各变量的量化数据，将量化后的数据代入公式（5-1）和（5-2），分辨系数 ρ 取值 0.5，得到现代流通业与先进制造业静态协同性指数与各因素之间的灰色关联度，见表 5-16。

表 5-16　现代流通业与先进制造业静态协同性指数与各因素之间的灰色关联度

	现代流通业与先进制造业静态协同性指数的灰色关联度
固定资产投资额增长率 $Z_1(t)$	0.8434
铁路分布密度 $Z_2(t)$	0.8376

续表

	现代流通业与先进制造业静态协同性指数的灰色关联度
公路分布密度 $Z_3(t)$	0.8756
高等教育入学率 $Z_4(t)$	0.8363
教育经费占 GDP 比重 $Z_5(t)$	0.8503
R&D 强度 $Z_6(t)$	0.8383
人均 R&D 经费支出 $Z_7(t)$	0.8719
外贸依存度 $Z_8(t)$	0.8372
人均 FDI $Z_9(t)$	0.8173
人均财政支出 $Z_{10}(t)$	0.7579
人口结构 $Z_{11}(t)$	0.8018

根据表 5-16 我们可知,1992—2014 年现代流通业与先进制造业静态协同指数与固定资产投资额增长率 $Z_1(t)$、铁路分布密度 $Z_2(t)$、公路分布密度 $Z_3(t)$、高等教育入学率 $Z_4(t)$、教育经费占 GDP 比重 $Z_5(t)$、R&D 强度 $Z_6(t)$、人均 R&D 经费 $Z_7(t)$、外贸依存度 $Z_8(t)$、人均 FDI $Z_9(t)$、人均财政支出 $Z_{10}(t)$、人口结构 $Z_{11}(t)$ 的灰色关联度都大于 0.6,说明现代流通业与先进制造业静态协同指数与物质资本、人力资本、技术资本、经济开放程度、政策、市场因素的关联性显著,也说明本书对现代流通业与先进制造业协同性的影响因素选择是合理的。

现代流通业与先进制造业静态协同指数与公路分布密度 $Z_3(t)$、教育经费占 GDP 比重 $Z_5(t)$、人均 R&D 经费支出 $Z_7(t)$ 的灰色关联度都大于 0.85,说明现代流通业与先进制造业静态协同指数同这些因素关联性非常密切。

虽然现代流通业与先进制造业静态协同指数与所有因素的关联性显著,但是与各因素的灰色关联度存在一定差异。将现代流通业与先进制造业静态协同性指数与所有因素的灰色关联度按大小进行排序,就可以得到 $Z_3(t) > Z_7(t) > Z_5(t) > Z_1(t) > Z_6(t) > Z_2(t) > Z_8(t) > Z_4(t) > Z_9(t) > Z_{11}(t) > Z_{10}(t)$。对影响因素按关联度进行排序后发现,现代流通业与先进制造业协同性与公路分布密度 $Z_3(t)$ 关联最密切,其次是人均 R&D 经费支出 $Z_7(t)$,再次是教育经费占 GDP 比重 $Z_5(t)$,与人均财政支出 $Z_{10}(t)$ 的关联性最弱。

1. 物质资本因素的影响

从表 5-16 可知，物质资本因素对现代流通业与先进制造业协同性有显著影响。固定资产投资额增长率与现代流通业和先进制造业静态协同性指数的灰色关联度为 0.8434，关联显著；铁路分布密度与现代流通业和先进制造业静态协同性指数的灰色关联度为 0.8376，关联显著；公路分布密度与现代流通业和先进制造业静态协同性指数的灰色关联度为 0.8756，关联密切。固定资产投资是促进现代流通业与先进制造业协同发展的重要力量，而基础设施建设投资又是固定资产投资的主要支撑力量。增加固定资产投资，加大铁路、公路等基础设施建设，能够为现代流通业与先进制造业协同发展创造物质条件，有效增加社会总需求。固定资产投资的导向作用能优化产业结构，提高现代流通业与先进制造业协同效率。

2. 人力资本因素的影响

由表 5-16 可知，人力资本因素对现代流通业与先进制造业静态协同性指数有显著影响。高等教育入学率与现代流通业和先进制造业静态协同性指数的灰色关联度为 0.8363，关联显著；教育经费占 GDP 比重与现代流通业和先进制造业静态协同性指数的灰色关联度为 0.8503，关联密切。这说明高等教育入学率、教育经费对现代流通业与先进制造业协同发展具有十分重要的作用。作为科学技术和人力资源的连接平台，高等教育是现代流通业与先进制造业协同发展的智力基础，为现代流通业与先进制造业的发展培养高素质劳动者、专门人才和创新人才。

3. 技术资本因素的影响

由表 5-16 可知，技术资本因素对现代流通业与先进制造业协同性指数有显著影响。研发强度与现代流通业和先进制造业静态协同性指数的灰色关联度为 0.8383，关联显著；人均 R&D 经费支出与现代流通业和先进制造业静态协同性指数的灰色关联度为 0.8719，关联密切。因此，增加研发支出、提高人均 R&D 经费有利于促进现代流通业与先进制造业协同发展。我国流通业和制造业要改变传统低成本的竞争优势，向价值链高端跃进，只能靠创新驱动。在"互联网＋"时代，电子商务、物联网、大数据、云计算等与工业化深度融合，我国流通业和制造业一定要依靠自主创新推动技术进步，从而抢占产业竞争制高点。

4. 经济开放程度因素的影响

由表 5-16 可知，经济开放程度对现代流通业与先进制造业协同性指数有显著影响。外贸依存度与现代流通业和先进制造业静态协同性指数的灰色关联度为 0.8372,关联显著;人均 FDI 与现代流通业和先进制造业静态协同性指数的灰色关联度为 0.8173,关联显著。进入 21 世纪,国民经济重心向服务业领域专业转移的趋势日益明显,外商直接投资明显集中于服务业,零售、运输等行业利用外商直接投资的数量不断增加,规模不断扩大。经济开放程度的提高,一方面,带来了先进的营销方式和管理经验;另一方面,通过示范效应、竞争效应及技术溢出等,提升了现代流通业与先进制造业协同发展的经济效益。

5. 政策因素的影响

由表 5-16 可知,政策因素对现代流通业与先进制造业协同性指数有显著影响。人均财政支出与现代流通业和先进制造业静态协同性指数的灰色关联度为 0.7579,关联显著。政府通过财政拨款、税收减免等政策手段为现代流通业与先进制造业协同发展提供财力支持的同时,保证并优化了现代流通业与先进制造业协同发展的环境,为促进协同发展集聚后劲。

6. 市场因素的影响

由表 5-16 可知,市场因素对现代流通业与先进制造业协同性指数有显著影响。人口结构,即 14～64 岁人口数占总人口数的比重与现代流通业和先进制造业静态协同性指数的灰色关联度为 0.8018,关联显著。合理的人口结构意味着合理的劳动力结构和消费结构,可以为现代流通业与先进制造业协同发展提供充裕的劳动力资源。此外,消费规模的扩大和消费水平的提高为现代流通业与先进制造业协同发展提供了良好的市场环境。

第三节　本章小结

本章利用 VAR 模型、隶属度模型对 1992—2014 年中国现代流通业与先进制造业的科技创新能力协同性指数、可持续发展能力协同性指数、市场开拓能力协同性指数、产业效率协同性指数、产业效益协同性指数、综合协同性指数分别进行了测算。最后使用灰色关联模型对现代流通业与先进制造业的协同性影响因素进行了实证检验。

通过以上分析,得出如下结论。

(1)现代流通业与先进制造业总体上处于比较协同阶段。从综合协同性指数来看,1992—2014 年我国现代流通业与先进制造业综合静态协同性指数均值为 0.8740,综合动态协同性指数均值为 0.8872,总体上处于比较协同状态。其中,现代流通业与先进制造业静态协同性指数,2008 年为 0.5566,表明两者处于轻度不协同阶段;1993 年为 0.6807,2012 年为 0.6587,表明两者处于弱协同阶段;1998 年为 0.7483,2000 年为 0.7304,2005 年为 0.7008,处于基本协同阶段,1994 年、2009 年、2010 年、2014 年在 0.8～0.9,处于比较协同阶段;其他年份在 0.9 以上,表明两者处于非常协同阶段。现代流通业与先进制造业动态协同性指数 1992 年、1996 年、1997 年、2003 年、2004 年在 0.9 以上,表明两者处于非常协同阶段;其他年份在 0.8～0.9,处于比较协同阶段。

（2）现代流通业与先进制造业子系统协同性总体上处于基本协同与非常协同阶段。从子系统协同性指数来看,1992—2014 年,我国现代流通业与先进制造业的科技创新能力、可持续发展能力、市场开拓能力、产业效率、产业效益综合静态协同性指数均值依次为 0.7895、0.9557、0.7441、0.9190 和 0.9418,综合动态协同性指数均值依次为 0.7956、0.9588、0.7287、0.9213 和 0.9480,这表明,我国现代流通业与先进制造业各子系统中,科技创新能力、市场开拓能力总体上处于基本协同阶段,可持续发展能力、产业效率、产业效益总体上处于非常协同阶段。其中,科技创新能力静态协同性指数在 2001 年为 0.5217,表明两者处于轻度不协同阶段;1993 年、1997 年、2000 年、2005 年、2008 年、2011 年在 0.6～0.7,处于弱协同阶段;1996 年、2002 年、2010 年、2012 年、2014 年在 0.7～0.8,处于基本协同阶段;1992 年、1999 年、2004 年在 0.8～0.9,处于比较协同阶段,其他年份在 0.9 以上,处于非常协同阶段。可持续发展能力静态协同性指数 1993 年、1998 年、2014 年在 0.8～0.9,处于比较协同阶段,其他年份在 0.9 以上,处于非常协同阶段;市场开拓能力静态协同性指数在 1994 年、1999 年、2008 年在 0.4～0.5 之间,表明两者处于中度不协同阶段,2000 年、2001 年、2002 年、2005 年在 0.5～0.6,处于轻度不协同阶段,1992 年、2012 年、2013 年在 0.6～0.7 之间,处于弱协同阶段,2007 年、2010 年在 0.7～0.8,处于基本协同阶段,1993 年、1996 年、1998 年、2009 年在 0.8～0.9,处于比较协同阶段,其他年份在 0.9 以上,处于非常协同阶段。产业效率静态协同性指数在 2000 年为 0.7893,表明两者处于基本协同阶段,1994 年、1996 年、1998 年、2001 年、2004 年、2008 年、2009 年在 0.8～0.9,处于比较协同阶段;其他年份在 0.9 以上,处于非常协同阶段。产业效益静态协同性指数在 1998 年、2008 年在 0.8～0.9,处于比较协同阶段;其他年份在 0.9 以上,处于非常协同阶段。科技创新能力动态协同性指数在 1992 年及 1994—1999 年处于比较协同阶段,其他年份均在 0.7～0.8,处于基本协同阶段。可持续发展能力、产业效率、产业效益动态协同性状况比较好,1992—2014 年一直处于非常协同阶段。市场开拓能力动态协同性指数 1992 年、1994 年、2002 年在 0.6～0.7,表明两者处于弱协同阶段;其他年份在 0.7～0.8,处于基本协同阶段。

(3)物质资本、人力资本、技术资本、经济开放程度、政策、市场等因素与现代流通业与先进制造业的协同发展关联密切。分析结果显示,1992—2014 年,现代流通业与先进制造业静态协同性指数与固定资产投资额增长率、铁路分布密度、高等教育入学率、$R\&D$ 强度、外贸依存度、人均 FDI、人均财政支出、人口结构的灰色关联度都大于 0.60,关联显著。现代流通业与先进制造业静态性协同指数与公路分布密度、教育经费占 GDP 比重、人均 $R\&D$ 经费支出的灰色关联度都大于 0.85,关联密切。物质资本、人力资本、技术资本、经济开放程度、政策、市场因素对现代流通业与先进制造业协同发展有显著影响。将现代流通业与先进制造业静态协同性指数与所有因素的灰色关联度按大小进行排序,发现现代流通业与先进制造业协同性指数与公路分布密度关联最密切,其次是人均 $R\&D$ 经费,接着是教育经费占 GDP 比重人均,与人均财政支出 $Z_{10}(t)$ 的关联性最弱。

第六章 我国现代流通业与先进制造业协同性预警研究

前文关于现代流通业与先进制造业的协同性评价及影响因素分析，都是对现代流通业与先进制造业协同发展状况的事后总结。事后总结能够为现代流通业与先进制造业产业政策调整提供经验和依据，但是不能把握其未来发展趋势。因此需要对现代流通业与先进制造业协同发展的未来趋势进行事前预测，及时提供预警，以免两者的不协同对经济发展的稳定性带来危害。本章在评述现有经济预警理论和方法的基础上，建立了现代流通业与先进制造业协同性预警体系，并对我国现代流通业与先进制造业协同性进行了预警。预警分析时，将现代流通业与先进制造业的科技创新能力静态协同性指数、可持续发展能力静态协同性指数、市场开拓能力静态协同性指数、产业效率静态协同性指数、产业效益静态协同性指数和综合静态协同性指数作为警情指标，应用 ARMA 模型预测其 2015—2019 年①的发展趋势值，利用 3σ 方法划分警限等级，设置五个等级警度，每个警度都用不同颜色表示。

第一节 现代流通业与先进制造业协同性预警体系概述

一、协同性预警体系的概念

"预"，就是预先、事先的意思，是对未来事件的事先反映。"警"，是指戒

---

① 本书写于 2016 年，当时可获得数据的最近年份为 2014 年。

备、告诫、防范、规避,让人注意可能发生的危险。所谓"预警"(early-warning),是指某一系统在演化过程中,对其进行监测和监视,在危机发生之前进行预测并发出预警信号的过程。

之所以可以预警,是因为许多经济活动背后存在着客观规律,风险事件的产生与过去的状况有着密切的联系,可以利用经济活动的发展规律来预测风险事件发生的概率及其可能造成的后果,这使得协同性监测和预警成为可能。此外,现代流通业与先进制造业在人员、信息、技术、资源等方面具有诸多关联性,只要在风险事件带来严重后果之前,利用产业之间的相互关联,对风险事件做出预警,及时采取防范措施,就能保证经济系统的和谐发展。

现代流通业与先进制造业协同性预警体系是指在科学理论指导的基础上,运用预警理论和方法,通过定性和定量分析,对现代流通业与先进制造业协同性的运行参数和指标进行评价、诊断、监测,预测现代流通业与先进制造业的运行状态与协同发展程度,预警协同性的临界突破,以期引起政府、企业和社会大众的关注,并及时分析原因,采取应对措施,维持经济系统和谐性的一套制度和方法。其实质是对现代流通业与先进制造业协同发展程度的评判,其作用和目的是示警防患、超前预控。

二、协同性预警体系的内容

一般而言,预警的构成要素有警情、警源、警素、警兆、警限和警度,各要素之间相互影响、相互作用、相互制约。警源是警情产生的原因,警素是构成警情的指标,警兆是警情发生的预兆,警度是警情的程度。此外,警兆其实是特殊的警素,而警限则是警兆指标的变化范围。因此,构建现代流通业与先进制造业协同性预警体系时需要综合考虑各要素之间的相互联系和区别,注意方法的科学性、指标的可得性、结果的可靠性等。本书在上述原则指导下,确定了现代流通业与先进制造业协同性预警体系的内容,包括监测警情、寻找警源、分析警兆、预报警度。其中,寻找警源是预警活动的起点,分析警兆是预警活动的关键。

(一)监测警情

警情也叫警义,是预测与预警的客体,也是预测与预警的对象。在现代流通业与先进制造业协同性预警体系中,警情是指两者的协同发展程度,用现代流通业与先进制造业科技创新能力静态协同性指数、可持续发展能力静态协同性指数、市场开拓能力静态协同性指数、产业效率静态协同性指数、产业效益静态协同性指数和综合静态协同性指数表示,根据指数的变动预测未来现代流通业与先进制造业协同发展走向,在发现不协同信号时即时提供预警提示。

（二）寻找警源

警源是指警情产生的原因,即现代流通业与先进制造业产生不协同的原因。警源有内生警源和外生警源之分,内生警源是警情产生的内部原因,外生警源是警情产生的外部原因。在现代流通业与先进制造业协同性预警体系中,警源包括科技创新能力、可持续发展能力、市场开拓能力、产业效率和产业效益等内生警源,也包括宏观经济形势和政策、自然环境等外生警源。

（三）分析警兆

警兆是警情发生的预兆,也是警素发生异常变化时的征兆。分析警兆就是对所有警素进行分类与归纳,提炼出警兆即最能反映警情指标变化的警素,分析警兆与警素的数量关系,然后进行警度预报。预警的关键就在于及时发现这些警兆。本书主要利用 ARMA 模型分析警兆。

（四）预报警度

警度是警情发展的程度,是对警情的评价结果。预报警度,需要对警兆指标进行综合计算,得到警度等级,进而对警情做出判断,预报警情的程度。在现代流通业与先进制造业协同性预警体系中,警度分为五个等级,分别为无警警度、轻警警度、中警警度、重警警度和巨警警度,在预警图上分别用蓝灯区、绿灯区、黄灯区、橙灯区和红灯区表示。

划分预警警限等级的方法主要有 3σ 法、少数原则、多数原则、均数原则、半数原则、众数原则等。本书主要利用 3σ 法划分预警警限等级。E 为均值,σ 是标准偏差,反映变量值的分散程度。3σ 法根据变量值偏离均值的程度来划分警限等级,对现代流通业与先进制造业协同性指数警限和警度的划分方法见表 6-1。

表 6-1 3σ 法划分现代流通业与先进制造业协同性指数警限和警度

预警状态	巨警区	重警区	中警区	轻警区	无警区
预警区间	$[0, E-3\sigma]$	$[E-3\sigma, E-2\sigma)$	$[E-2\sigma, E-\sigma)$	$[E-\sigma, E)$	$[E, 1]$
协同性指数	重度不协同	严重不协同	中度不协同	轻度不协同	协同
预警信号	红色	橙色	黄色	绿色	蓝色

三、现代流通业与先进制造业协同性预警的意义

改革开放以来,我国现代流通业与先进制造业呈现出快速发展的势头。虽然目前现代流通业与先进制造业的协同性指数比较高,但是两者在科技创新能力、可持续发展能力等方面存在较大差距,因此两者协同发展存在一定隐患。尤其是近几年,我国经济不仅面临着外需低迷等外部阻力,还有"通胀""产能过剩"等内部阻力,这使得人们对现代流通业与先进制造业的健康持续发展产生了诸多担忧。因此,合理利用可得的统计指标,设计高效实用的现代流通业与先进制造业协同性预警体系,预测未来现代流通业与先进制造业协同发展走向,在出现不协同时适时提供预警提示,具有重要的理论意义和现实意义。

建立高效实用的现代流通业与先进制造业协同性预警体系,可以及时公布现代流通业与先进制造业协同发展状况,把握现代流通业与先进制造业协同程度。对现代流通业与先进制造业协同性进行预测预警,可以提高对市场变化的科学预见和判断能力,防范产业发展中可能遇到的风险,促进现代流通业与先进制造业可持续发展。

更为重要的是,通过分析现代流通业与先进制造业的运行轨迹,并对其协同发展态势进行预测预报,可以为政府决策提供全过程的信息支持。利用现代流通业与先进制造业协同性预警体系,政府可以对现代流通业与先进制造业运行状态和协同发展趋势进行监测,了解现代流通业与先进制造业协同发展状况及其与宏观经济的适应程度。通过预警,政府能够及时发现阻碍现代流通业与先进制造业协同发展的风险因素,有利于政府提前防范,缩短调控决策时间。

第二节 预警方法概述

目前,预警思想已经渗透到经济活动的各个方面,预警方法也越来越成熟。预警方法是预警思想系统化、理论化的完善过程,是整个预警体系的核心内容。经济预警方法起源于 1888 年,法国经济学家用颜色象征法国 1877 年到 1881 年的经济波动程度。20 世纪 50 年代,随着发达资本主义国家经济进入快速发展时期,预警方法开始进入实际应用阶段。1961 年,指数分析法的引入标志着预警方法的成熟。20 世纪 80 年代开始,随着计算机技术的

日益成熟和普及,数据挖掘技术、人工智能技术在经济预警领域得到广泛应用,预警方法得到了质的飞跃。总之,经济预警方法经历了从简单到复杂、从静态到动态、从定性到定量、从采用单指标到采用多指标再到综合集成的发展过程。

纵观国内外相关文献,许多学者用颜色预警法进行预警。如重视定量分析与定性分析结合的黑色预警法,同时分析有利因素与不利因素的红色预警法,依据警兆进行预警的黄色预警法,此外还有绿色预警法、白色预警法等。不同的颜色预警法,其预警运行机制也不同。

下面简要分析几种应用比较广泛的预警方法,并对其做出比较,为本书实证分析做参考。

（一）景气指数法

景气指数法主要利用先行、同步和滞后指标描述景气状态,构建相应指数来监测宏观经济的景气动向。常用的指数是合成指数和扩散指数。

景气指数法分析步骤如下:第一,选取超前、同步和滞后三类重要经济指标,构建景气指标体系;第二,运用一定的统计方法,处理选取的指标;第三,对超前、同步、滞后指标分别编制扩散指数和合成指数;第四,设置景气预警信号,不同的景气状况发出不同的信号,常见的景气预警信号有红、黄、绿、蓝灯。

景气指数法像经济"晴雨表"或"报警器",发挥监测和预警的作用,可以对将来的经济景气做出预测,也可以对经济运行中出现的波动或风险进行预警。景气指数法中,超前、同步和滞后指标的选取和划分是关键,决定着该方法的科学性。划分超前、同步和滞后指标的常用方法有聚类分析法、时差相关法、峰谷对应法、K-L 信息量法、马场法等。

（二）多元判别分析法

多元判别分析（MDA）是一种多元统计分析方法,产生于 20 世纪 30 年代。基本思路是根据样本数据确立判别准则,建立判别函数,对未知样本的类别进行归属。

$$Y = \sum_{i=1}^{n} a_i X_i + \mu = a_1 X_1 + a_2 X_2 + \cdots + a_n X_n + \mu \qquad (6\text{-}1)$$

式中,Y 为判别分数（判别值）;$X_1, X_2, \cdots, X_n$ 为反映研究对象特征的变量;$a_1, a_2, \cdots, a_n$ 为各变量的系数;μ 是随机误差项。

多元判别分析法的核心内容是判别函数,常用的判别函数有距离判别函数、贝叶斯判别函数、费歇判别函数等。多元判别分析在应用的时候应满足一定的假设条件,这样才能提高判别的正确率。假设条件包括:样本数据是正态分布且协方差相等;每组的均值向量、协方差矩阵、先验概率和误判代价是已知的。

多元判别分析法效率比较高,在发达国家应用比较广泛,不足之处在于对数据要求比较高,要求有大量的、可靠的历史统计数据。

(三) 多元逻辑回归法

多元逻辑回归法(MLR),本质是在线性回归模型中增加一个逻辑回归函数,其基本思路是利用数据,估计出各参数值,利用函数求得因变量介于 0 和 1 之间的概率。

逻辑回归函数可以表示为:

$$Y_i = \ln\left(\frac{P}{1-P_i}\right) = a + \sum_{j=1}^{k} \beta_j X_{ji} \qquad (6\text{-}2)$$

式中,Y_i 为虚拟变量;X_{ji} 表示第 i 家公司的第 j 个指标;β_j 是第 j 个指标的系数;a 是常数项。

多元逻辑回归法与多元判别分析法的本质区别在于两者的假设前提不一样,多元逻辑回归法不要求样本数据满足正态分布或齐方差,假设前提相对多元判别分析法而言宽松许多。

该方法的缺陷在于常常忽略变量之间的多重共线性。当样本点完全分离时不能使用最大似然估计法,可能导致估计结果无效。

(四)ARMA 模型

ARMA 模型是一种常用的随机时间序列分析方法,其基本思路是利用数学模型拟合平稳时间序列,预测该时间序列未来值。

ARMA 模型是自回归模型 $AR(p)$ 和移动平均模型 $MA(q)$ 的结合。ARMA 模型如下:

$$Y_t = \varphi_1 Y_{t-1} + \varphi_2 Y_{t-2} + \cdots + \varphi_p Y_{t-p+\mu_t} + \theta_1 \mu_{t-1} + \cdots + \theta_q \mu_{t-q} \qquad (6\text{-}3)$$

该函数为 (p,q) 阶自回归移动平均模型,即 $ARMA(p,q)$ 模型。p 和 q 分别为是自回归模型(AR)和移动平均模型(MA)的最大阶数。

ARMA 模型的一个重要内容是对模型的识别,即找出 $ARMA(p,q)$ 模型的阶。常用的识别方法是利用自相关系数和偏自相关系数,若序列的自相关系数和偏自相关系数都是拖尾的,则此序列是自回归移动平均 ARMA

(p,q)序列。至于模型中 p 和 q 的识别,则要从低阶开始逐步试探,直到定出合适的模型为止。经过模型识别,确定了时间序列模型的结构和阶数后,需要对模型进行估计。模型的估计方法较多,大体上分为三类:最小二乘法、矩估计和利用自相关系数的直接估计。

除上述常用的经济预警方法外,其他还有 BP 人工神经网络、probit 法、突变级数法、灰关联熵法、混沌法等,但这些方法在经济预警领域应用时理论依据不足,预测精度也有待提高。

第三节　现代流通业与先进制造业协同性预警分析

本节对我国现代流通业与先进制造业协同性进行预警,包括科技创新能力协同性、可持续发展能力协同性、市场开拓能力协同性、产业效率协同性、产业效益协同性和综合协同性预警。首先,以现代流通业与先进制造业科技创新能力、可持续发展能力、市场开拓能力、产业效率、产业效益静态协同性指数和综合静态协同性指数作为警情指标,利用 ARMA 模型预测其在2015—2019 年的未来趋势值。其次,根据 3σ 法划分现代流通业与先进制造业协同性警值。最后,对我国现代流通业与先进制造业科技创新能力协同性、可持续发展能力协同性、市场开拓能力协同性、产业效率协同性、产业效益协同性和综合协同性进行警度预报。

一、现代流通业与先进制造业子系统协同性预警分析

(一)科技创新能力协同性预警分析

1. 预测科技创新能力协同性警度值

将现代流通业与先进制造业的科技创新能力静态协同性评价指数 $C_{1s}(x,y)$ 作为警情指标,利用 ARMA 模型对其在 2015—2019 年的发展趋势值进行预测。

首先,进行平稳性检验。在预测之前,用 ADF 检验对序列 $C_{1s}(x,y)$ 的平稳性进行检验。ADF 检验时选择含有"Intercept",检验结果见表 6-2。

表 6-2 序列 $C_{1s}(x,y)$ 单位根检验结果

		t	p
ADF test statistic		-5.1334	0.0003
Test critical values	1% level		-3.7880
	5% level		-3.0124
	10% level		-2.6461

表 6-2 表示,序列 $C_{1s}(x,y)$ 在 1% 的显著性水平下,拒绝原假设,因而是平稳的序列。

其次,确定模型阶数。利用 ARMA 进行预测前,需要确定模型阶数。确定模型阶数时,需要先观察序列的相关系数 AC 和偏自相关系数 PAC,以确定其是否适用 ARMA(p,q) 模型。接着,应用 AIC 和 SC 最小值原理确定 ARMA(p,q) 模型的阶数,即 p 和 q 的值。

由于序列 $C_{1s}(x,y)$ 的自相关系数 AC 和偏自相关系数 PAC 没有明显截尾,对其两次差分后截尾,见图 6-1。偏自相关系数在 3 阶时接近置信带边缘,尝试拟合 AR(2) 或 AR(3);自相关系数在 1 阶截尾,尝试拟合 MA(1)。

Auto Correlation	Partial Correlation		AC	PAC	q	p
		1	-0.432	-0.432	4.3265	0.038
		2	-0.212	-0.490	5.4254	0.066
		3	0.070	-0.451	5.5523	0.136
		4	0.191	-0.222	6.5538	0.161
		5	0.087	0.227	6.7778	0.238
		6	-0.399	-0.085	11.785	0.067
		7	0.142	-0.128	12.471	0.086
		8	0.237	0.038	14.534	0.069
		9	-0.240	-0.223	16.831	0.051
		10	0.049	-0.022	16.937	0.076
		11	0.007	0.100	16.939	0.110
		12	0.025	-0.081	16.973	0.151

图 6-1 序列 $C_{1s}(x,y)$ 两次差分后的 AC 和 PAC

为了确定 ARMA(p,q) 模型中的 p 和 q 值,本书尝试了不同阶数的 ARMA 模型,观察 AIC 和 SC 值,根据 AIC 和 SC 最小化原理确定 p 和 q 值。各个模型 AIC 和 SC 值见表 6-3。

表 6-3　ARMA 模型的阶数及 *AIC*、*SC* 值(科技创新能力协同性指数)

	ARMA$(1,1)$	ARMA$(1,2)$	ARMA$(2,1)$	ARMA$(2,2)$	ARMA$(3,1)$	ARMA$(3,2)$
AIC	-0.9949	-1.5997	-0.8784	-1.7424	-0.9861	-1.0803
SC	-0.8958	-1.4509	-0.7292	-1.5434	-0.7869	-0.8313

由表 6-3 可知,ARMA$(2,2)$模型中的 *AIC* 和 *SC* 值最小。根据 *AIC* 和 *SC* 值最小化原则,最后确定模型的阶数为 $p=2$ 和 $q=2$。得到如下科技创新能力协同性指数预测模型:

$$DDC'_{1s}(t)=0.4504\,DDC_{1s}(t-1)+0.6260\,DDC_{1s}(t-2)-0.4952u_{t-1}$$
$$-2.0401u_{t-2}+\varepsilon_t \tag{6-4}$$

式中,$DDC_{1s}(t)$为序列 $C_{1s}(x,y)$ 的二次差分序列。

再次,检验 ARMA$(2,2)$模型。拟合模型需要经过检验才能确定适用性。模型$(6\text{-}4)$残差序列的 *AC* 和 *PAC* 见图 6-2。通过对模型残差序列进行检验,发现残差序列不显著相关,因此本书认为模型拟合通过检验。

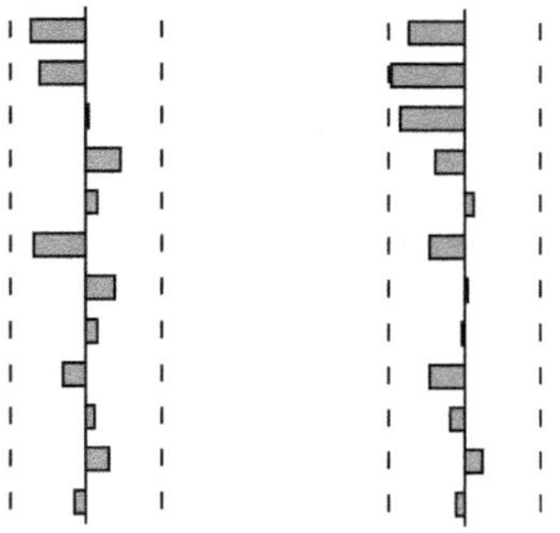

Auto Correlation	Partial Correlation		*AC*	*PAC*	*q*	*p*
		1	-0.339	-0.339	2.4308	
		2	-0.291	-0.458	4.3331	
		3	0.015	-0.405	4.3388	
		4	0.218	-0.172	5.5565	
		5	0.071	0.062	5.6945	0.017
		6	-0.332	-0.225	9.0032	0.011
		7	0.174	-0.021	9.9885	0.019
		8	0.068	-0.024	10.153	0.038
		9	-0.149	-0.223	11.038	0.051
		10	0.043	-0.086	11.122	0.085
		11	0.132	0.113	12.018	0.100
		12	-0.082	-0.054	12.418	0.134

图 6-2　科技创新能力协同性指数预测模型残差相关

最后,预测科技创新能力协同性指数。根据式$(6\text{-}4)$的预测模型,对数据进行还原,得到 2015—2019 年现代流通业与先进制造业科技创新能力协同性指数预测值。

2.划分警级并预报警度

本书使用 3σ 法,现代流通业与先进制造业科技创新能力协同性预警警级和警度见表 6-4。

表 6-4　现代流通业与先进制造业科技创新能力协同性预警警级与警度

预警状态	巨警区	重警区	中警区	轻警区	无警区
预警区间	[0,0.2124)	[0.2124,0.4248)	[0.4248,0.5496)	[0.5496,0.6743)	[0.6744,1]
协同程度	重度不协同	严重不协同	中度不协同	轻度不协同	协同
预警信号	红色	橙色	黄色	绿色	蓝色

　　根据表 6-4 对现代流通业与先进制造业科技创新能力协同性预警与警级的划分标准,对 1992—2019 年现代流通业与先进制造业科技创新能力协同性进行警度预报,得到表 6-5。

表 6-5　现代流通业与先进制造业科技创新能力协同性预警警度与警级的划分情况

年份	$C_{1s}(x,y)$	警级	协同状况	颜色
1992	0.8486	无警	协同	蓝色
1993	0.6944	无警	协同	蓝色
1994	0.9263	无警	协同	蓝色
1995	0.9736	无警	协同	蓝色
1996	0.7565	无警	协同	蓝色
1997	0.6121	轻警	轻度不协同	绿色
1998	0.9195	无警	协同	蓝色
1999	0.8498	无警	协同	蓝色
2000	0.6274	轻警	轻度不协同	绿色
2001	0.5217	中警	中度不协同	黄色
2002	0.7334	无警	协同	蓝色
2003	0.9563	无警	协同	蓝色
2004	0.8337	无警	协同	蓝色
2005	0.6961	无警	协同	蓝色
2007	0.9636	无警	协同	蓝色
2008	0.6439	轻警	轻度不协同	绿色
2006	0.9610	无警	协同	蓝色

续表

年份	$C_{1s}(x,y)$	警级	协同状况	颜色
2009	0.8725	无警	协同	蓝色
2010	0.7308	无警	协同	蓝色
2011	0.6072	轻警	轻度不协同	绿色
2012	0.7337	无警	协同	蓝色
2013	0.9060	无警	协同	蓝色
2014	0.7785	无警	协同	蓝色
2015	0.8023	无警	协同	蓝色
2016	0.8448	无警	协同	蓝色
2017	0.8610	无警	协同	蓝色
2018	0.9116	无警	协同	蓝色
2019	0.8092	无警	协同	蓝色

表 6-5 可以看出,1997 年、2000 年、2008 年、2011 年我国现代流通业与先进制造业科技创新能力处于轻警状态,2001 年处于中警状态,其余年份处于无警状态。

(二)可持续发展能力协同性预警分析

1.预测可持续发展能力协同性警度值

在进行现代流通业与先进制造业可持续发展能力协同性预警之前需要预测其 2015—2019 年的发展趋势值。将现代流通业与先进制造业可持续发展能力静态协同性评价指数 $C_{2s}(x,y)$ 作为警情指标,利用 ARMA 模型对其 2015—2019 年发展趋势值进行预测。

首先,进行平稳性检验。利用 ADF 检验现代流通业与先进制造可持续发展能力协同性指数 $C_{2s}(x,y)$ 的平稳性。ADF 检验时选择含有"Intercept",检验结果表示,序列数 $C_{2s}(x,y)$ 在 1% 的显著性水平下,拒绝原假设,因而是平稳的。

其次,确定模型阶数。观察序列 $C_{2s}(x,y)$ 的相关系数 AC 和偏自相关系数 PAC 确定其是否适用 ARMA(p,q)模型。接着,应用 AIC 和 SC 最小值原理确定 ARMA(p,q)模型的阶数,即 p 和 q 值。

由于序列 $C_{2s}(x,y)$ 的自相关系数和偏自相关系数没有明显截尾,对其一次差分后截尾偏自相关系数在 2 阶时接近置信带边缘，尝试拟合 AR(1) 或 AR(2)；自相关系数在 1 阶截尾，尝试拟合 MA(1)。根据 AIC 和 SC 值最小化原则，最后确定模型的阶数为 $p=1$ 和 $q=2$。得到如下可持续发展能力协同性指数预测模型：

$$DC_{2s}(t) = -0.8445\ DC_{2s}(t-1) - 1.4481u_{t-1} - 1.1693u_{t-2} + \varepsilon_t$$

$$(6-5)$$

式中，$DC_{2s}(t)$ 为序列 $C_{2s}(x,y)$ 的一次差分序列。

再次，检验 ARMA(1,2) 模型。拟合模型需要检验才能确定适用性。通过对模型(6-5)的残差序列进行检验，发现残差序列不显著相关，因此本书认为模型拟合通过检验。

最后，预测现代流通业与先进制造业可持续发展能力协同性指数。根据式(6-5)的预测模型，并对数据进行还原，得到 2015—2019 年现代流通业与先进制造业可持续发展能力协同性指数预测值。

2. 划分警级并预报警度

根据 3σ 法，现代流通业与先进制造业可持续发展能力协同性指数预警警级和警度见表 6-6。

表 6-6　现代流通业与先进制造业可持续发展能力协同性预警警级与警度

预警状态	巨警区	重警区	中警区	轻警区	无警区
预警区间	$[0, 0.4637)$	$[0.4637, 0.9274)$	$[0.9274, 0.9381)$	$[0.9381, 0.9487)$	$[0.9487, 1]$
协同程度	重度不协同	严重不协同	中度不协同	轻度不协同	协同
预警信号	红色	橙色	黄色	绿色	蓝色

根据表 6-6 对现代流通业与先进制造业可持续发展能力协同性预警与警级的划分标准，对 1992—2019 年现代流通业与先进制造业可持续发展能力协同性进行警度预报，得到表 6-7。

表 6-7　现代流通业与先进制造业可持续发展能力协同性预警警度与警级的划分情况

年份	$C_{2s}(x,y)$	警级	协同状况	颜色
1992	0.9941	无警	协同	蓝色
1993	0.9932	无警	协同	蓝色
1994	0.9487	无警	协同	蓝色

年份	$C_{2s}(x,y)$	警级	协同状况	颜色
1995	0.9612	无警	协同	蓝色
1996	0.9676	无警	协同	蓝色
1997	0.9669	无警	协同	蓝色
1998	0.9532	无警	协同	蓝色
1999	0.9583	无警	协同	蓝色
2000	0.9627	无警	协同	蓝色
2001	0.9569	无警	协同	蓝色
2002	0.9574	无警	协同	蓝色
2003	0.9557	无警	协同	蓝色
2004	0.9588	无警	协同	蓝色
2005	0.9609	无警	协同	蓝色
2006	0.9575	无警	协同	蓝色
2007	0.9590	无警	协同	蓝色
2008	0.9596	无警	协同	蓝色
2009	0.9589	无警	协同	蓝色
2010	0.9602	无警	协同	蓝色
2011	0.9580	无警	协同	蓝色
2012	0.9593	无警	协同	蓝色
2013	0.9606	无警	协同	蓝色
2014	0.9539	无警	协同	蓝色
2015	0.9671	无警	协同	蓝色
2016	0.9598	无警	协同	蓝色
2017	0.9590	无警	协同	蓝色
2018	0.9548	无警	协同	蓝色
2019	0.9694	无警	协同	蓝色

从表 6-7 可以看出,1992—2019 年,现代流通业与先进制造业可持续发展处于无警状态,这说明现代流通业与先进制造业可持续发展能力协同性状况较好。

（三）市场开拓能力协同性预警分析

1. 预测市场开拓能力协同性警度值

在进行现代流通业与先进制造业市场开拓能力协同性预警之前,需要预测其在 2015—2019 年发展趋势值。将现代流通业与先进制造业市场开拓能力静态协同性评价指数 $C_{3s}(x,y)$ 作为警情指标,利用 ARMA 模型对其2015—2019 年发展趋势值进行预测。

首先,进行平稳性检验。利用 ADF 检验现代流通业与先进制造业市场开拓能力协同性指数 $C_{3s}(x,y)$ 的平稳性。ADF 检验时选择含有"Intercept",检验结果表示,序列 $C_{3s}(x,y)$ 在 5% 的显著性水平下,拒绝原假设,是平稳序列。

其次,确定模型阶数。由于序列 $C_{3s}(x,y)$ 的自相关系数和偏自相关系数没有明显截尾,对其进行一次差分。本书尝试了不同阶数的 ARMA 模型,根据 AIC 和 SC 值最小化原则,最后确定模型的阶数为 $p=1$ 和 $q=1$。得到如下市场开拓能力协同性指数预测模型:

$$DC_{3s}(t) = 1.0022\,DC_{3s}(t-1) - 0.9413u_{t-1} + \varepsilon_t \tag{6-6}$$

式中,$DC_{3s}(t)$ 为序列 $DC_{3s}(x,y)$ 的一次差分序列。

再次,检验 ARMA(1,1)模型。通过对模型(6-6)的残差序列进行检验,发现残差序列不显著相关,模型拟合通过检验。

最后,预测现代流通业与先进制造业市场开拓能力协同性指数。根据式(6-6)的预测模型,并对数据进行还原,得到 2015—2019 年现代流通业与先进制造业市场开拓能力协同性指数预测值。

2. 划分警级并预报警度

根据 3σ 法,现代流通业与先进制造业市场开拓能力协同性指数预警警级和警度见表 6-8。

表 6-8　现代流通业与先进制造业市场开拓能力协同性预警警级与警度

预警状态	巨警区	重警区	中警区	轻警区	无警区
预警区间	[0,0.2352)	[0.2352,0.4087)	[0.4087,0.5823)	[0.5823,0.7558)	[0.7558,1]
协同程度	重度不协同	严重不协同	中度不协同	轻度不协同	协同
预警信号	红色	橙色	黄色	绿色	蓝色

　　根据表 6-8 对现代流通业与先进制造市场开拓能力协同性预警与警级的划分标准,对 1992—2019 年现代流通业与先进制造业市场开拓协同性进行警度预报,得到表 6-9。

表 6-9　现代流通业与先进制造业市场开拓能力协同性预警警度与警级的划分情况

年份	$C_{3s}(x,y)$	警级	协同状况	颜色
1992	0.6367	轻警	轻度不协同	绿色
1993	0.8474	无警	协同	蓝色
1994	0.4363	中警	中度不协同	黄色
1995	0.9616	无警	协同	蓝色
1996	0.8593	无警	协同	蓝色
1997	0.9629	无警	协同	蓝色
1998	0.8711	无警	协同	蓝色
1999	0.4721	中警	中度不协同	黄色
2000	0.5771	中警	中度不协同	黄色
2001	0.5210	中警	中度不协同	黄色
2002	0.5064	中警	中度不协同	黄色
2003	0.9370	无警	协同	蓝色
2004	0.9995	无警	协同	蓝色
2005	0.5167	中警	中度不协同	黄色
2006	0.9205	无警	协同	蓝色
2007	0.7790	无警	协同	蓝色
2008	0.4951	中警	中度不协同	黄色
2009	0.8651	无警	协同	蓝色
2010	0.7113	轻警	轻度不协同	绿色

续表

年份	$C_{3s}(x,y)$	警级	协同状况	颜色
2011	0.9167	无警	协同	蓝色
2012	0.6791	轻警	轻度不协同	绿色
2013	0.6957	轻警	轻度不协同	绿色
2014	0.9472	无警	协同	蓝色
2015	0.8378	无警	协同	蓝色
2016	0.8288	无警	协同	蓝色
2017	0.7688	无警	协同	蓝色
2018	0.7828	无警	协同	蓝色
2019	0.8288	无警	协同	蓝色

从表 6-9 可以看出,1992—2019 年,现代流通业与先进制造业市场开拓能力协同性警度变化比较大。1994 年、1999 年、2000 年、2001 年、2002 年、2005 年、2008 年,现代流通业与先进制造业市场开拓能力处于中警状态;1992 年、2010 年、2012 年、2013 年,现代流通业与先进制造业市场开拓能力处于轻警状态;其他年份处于无警状态。

(四)产业效率协同性预警分析

1. 预测产业效率协同性警度值

将现代流通业与先进制造业产业效率静态协同性评价指数 $C_{4s}(x,y)$ 作为警情指标,利用 ARMA 模型对其在 2015—2019 年的发展趋势值进行预测。

首先,进行平稳性检验。利用 ADF 检验现代流通业与先进制造业效率协同性指数 $C_{4s}(x,y)$ 的平稳性。ADF 检验时选择含有"Intercept",检验结果表示,序列 $C_{4s}(x,y)$ 在 1% 的显著性水平下,拒绝原假设,是平稳序列。

其次,确定模型阶数。根据 AIC 和 SC 最小值来确定模型的阶数,最后确定 $p=2$ 和 $q=1$。得到如下效率协同性指数预测模型:

$$DC_{4s}(t) = -0.1237DC_{4s}(t-1) - 0.1656DC_{4s}(t-2) - 1.0271u_{t-1} + \varepsilon_t$$

$$(6-7)$$

式中,$DC_{4s}(t)$ 为序列 $C_{4s}(x,y)$ 的一次差分序列。

再次,检验 ARMA(2,1)模型。拟合模型需要检验才能确定适用性。通过对模型(6-7)的残差序列进行检验,发现残差序列不显著相关,因此本书认为模型拟合通过检验。

最后,预测现代流通业与先进制造业产业效率协同性指数。根据式(6-7)的预测模型,并对数据进行还原,得到2015—2019年现代流通业与先进制造业效率协同性指数预测值。

2.划分警级并预报警度

根据 3σ 法,划分现代流通业与先进制造业市场效率协同性指数预警警级并预报警度,见表 6-10。

表 6-10　现代流通业与先进制造业产业效率协同性预警警级与警度

预警状态	巨警区	重警区	中警区	轻警区	无警区
预警区间	$[0,0.3734)$	$[0.3733,0.7468)$	$[0.7468,0.8067)$	$[0.8067,0.8666)$	$[0.8666,1]$
协同程度	重度不协同	严重不协同	中度不协同	轻度不协同	协同
预警信号	红色	橙色	黄色	绿色	蓝色

根据表 6-10 对现代流通业与先进制造效率协同性预警与警级的划分标准,对 1992—2019 年现代流通业与先进制造业效率协同性进行警度预报,得到表 6-11。

表 6-11　现代流通业与先进制造业产业效率协同性预警警度与警级的划分情况

年份	$C_{4s}(x,y)$	警级	协同状况	颜色
1992	0.9928	无警	协同	蓝色
1993	0.9435	无警	协同	蓝色
1994	0.8060	中警	中度不协同	黄色
1995	0.9721	无警	协同	蓝色
1996	0.8594	轻警	轻度不协同	绿色
1997	0.9629	无警	协同	蓝色
1998	0.8711	无警	协同	蓝色
1999	0.9812	无警	协同	蓝色
2000	0.7953	中警	中度不协同	黄色
2001	0.8636	轻警	轻度不协同	绿色
2002	0.9931	无警	协同	蓝色

续表

年份	$C_{4s}(x,y)$	警级	协同状况	颜色
2003	0.9370	无警	协同	蓝色
2004	0.8537	轻警	轻度不协同	绿色
2005	0.9970	无警	协同	蓝色
2006	0.9314	无警	协同	蓝色
2007	0.9464	无警	协同	蓝色
2008	0.8929	无警	协同	蓝色
2009	0.8132	轻警	轻度不协同	绿色
2010	0.9249	无警	协同	蓝色
2011	0.9167	无警	协同	蓝色
2012	0.9859	无警	协同	蓝色
2013	0.9835	无警	协同	蓝色
2014	0.9685	无警	协同	蓝色
2015	0.9573	无警	协同	蓝色
2016	0.9451	无警	协同	蓝色
2017	0.9507	无警	协同	蓝色
2018	0.9495	无警	协同	蓝色
2019	0.9517	无警	协同	蓝色

从表 6-11 可以看出,1992—2019 年,现代流通业与先进制造业产业效率协同程度较好。1996 年、2001 年、2004 年、2009 年产业效率协同性处于轻警状态,1994 年、2010 年处于中警状态外,其他年份的协同性处于无警状态。

(五)产业效益协同性预警分析

1. 预测产业效益协同性警度值

将现代流通业与先进制造业产业效率静态协同性评价指数 $C_{5s}(x,y)$ 作为警情指标,利用 ARMA 模型对其在 2015—2019 年的发展趋势值进行预测。

首先,进行平稳性检验。利用 ADF 检验现代流通业与先进制造业产业

效益协同性指数 $C_{5s}(x,y)$ 的平稳性。ADF 检验时选择含有"Intercept"。结果表示,序列 $C_{5s}(x,y)$ 在 1% 的显著性水平下,拒绝原假设,是平稳序列。

其次,确定模型阶数。由于序列 $C_{5s}(x,y)$ 的自相关系数和偏自相关系数没有明显截尾,对其进行一次差分。根据 AIC 和 SC 值最小化原则,最后确定模型的阶数为 $p=2$ 和 $q=1$。得到如下产业效益协同性指数预测模型:

$$DC_{5s}(t) = -0.4091DC_{5s}(t-1) - 0.1238DC_{5s}(t-2) - 0.7236u_{t-1} + \varepsilon_t$$

$$(6\text{-}8)$$

式中,$DC_{5s}(t)$ 为序列 $C_{5s}(x,y)$ 的一次差分序列。

再次,检验 ARMA(2,1) 模型。通过对模型(6-8)的残差序列进行检验,发现残差序列不显著相关,因此本书认为模型拟合通过检验。

最后,预测现代流通业与先进制造业产业效益协同性指数。根据式(6-8)的预测模型,并对数据进行还原,得到 2015—2019 年现代流通业与先进制造业产业效益协同性指数预测值。

2. 划分警级并预报警度

根据 3σ 法,划分现代流通业与先进制造业产业效益协同性指数预警警级并预报警度,见表 6-12。

表 6-12　现代流通业与先进制造业产业效率协同性预警警级与警度

预警状态	巨警区	重警区	中警区	轻警区	无警区
预警区间	$[0, 0.3863)$	$[0.3863, 0.7727)$	$[0.7727, 0.8303)$	$[0.8303, 0.8879)$	$[0.8879, 1]$
协同程度	重度不协同	严重不协同	中度不协同	轻度不协同	协同
预警信号	红色	橙色	黄色	绿色	蓝色

根据表 6-12 对现代流通业与先进制造产业效益协同性预警与警级的划分标准,对 1992—2019 年现代流通业与先进制造业产业效益协同性进行警度预报,得到表 6-13。

表 6-13　现代流通业与先进制造业产业效益协同性预警警度与警级的划分情况

年份	$C_{5s}(x,y)$	警级	协同状况	颜色
1992	0.9263	无警	协同	蓝色
1993	0.9566	无警	协同	蓝色
1994	0.9561	无警	协同	蓝色

续表

年份	$C_{5s}(x,y)$	警级	协同状况	颜色
1995	0.9630	无警	协同	蓝色
1996	0.9667	无警	协同	蓝色
1997	0.9660	无警	协同	蓝色
1998	0.9525	无警	协同	蓝色
1999	0.9486	无警	协同	蓝色
2000	0.9465	无警	协同	蓝色
2001	0.9501	无警	协同	蓝色
2002	0.9495	无警	协同	蓝色
2003	0.9485	无警	协同	蓝色
2004	0.9482	无警	协同	蓝色
2005	0.9478	无警	协同	蓝色
2006	0.9461	无警	协同	蓝色
2007	0.9456	无警	协同	蓝色
2008	0.9401	无警	协同	蓝色
2009	0.9396	无警	协同	蓝色
2010	0.9411	无警	协同	蓝色
2011	0.9399	无警	协同	蓝色
2012	0.9417	无警	协同	蓝色
2013	0.9414	无警	协同	蓝色
2014	0.9425	无警	协同	蓝色
2015	0.9346	无警	协同	蓝色
2016	0.9355	无警	协同	蓝色
2017	0.9517	无警	协同	蓝色
2018	0.9405	无警	协同	蓝色
2019	0.9457	无警	协同	蓝色

从表 6-13 可以看出，1992—2019 年，现代流通业与先进制造业产业效益协同性均处于无警状态，这说明现代流通业与先进制造业产业效益处于

非常协同状态。

二、现代流通业与先进制造业综合协同性预警分析

（一）预测现代流通业与先进制造业综合协同性警度值

将现代流通业与先进制造业综合静态协同性评价指数 $C_s(x,y)$ 作为警情指标，利用 ARMA 模型对在其 2015—2019 年发展趋势值进行预测。

首先，进行平稳性检验。利用 ADF 检验现代流通业与先进制造业综合协同性指数 $C_s(x,y)$ 的平稳性。ADF 检验时选择含有"Intercept"，检验结果表明，在 1% 的显著性水平下，拒绝存在单位根的原假设，这说明现代流通业与先进制造业协同性指数序列 $C_s(x,y)$ 是平稳序列。

其次，确定模型阶数。应用 AIC 和 SC 最小值原理确定 ARMA(p,q) 模型的阶数，即 p 和 q 值。由于序列 $Cs(x,y)$ 的 AC 和 PAC 皆没有明显的截尾性。根据 AIC 和 SC 值最小化原则，最后确定模型的阶数为 $p=1$ 和 $q=1$。并得到如下预测模型：

$$C_{xy}(t)=0.7946C_{xy}(t-1)-0.9971u_{t-1}+\varepsilon_t \tag{6-9}$$

再次，检验 ARMA$(1,1)$模型。发现残差序列不显著相关，因此本书认为模型 6-9 通过检验。

最后，预测现代流通业与先进制造业综合协同性指数。根据式（6-9）的预测模型，对 2015—2019 年现代流通业与先进制造业综合协同性指数进行预测。

（二）划分警级并预报警度

根据 3σ 法，划分现代流通业与先进制造业综合协同性指数预警警级并预报警度，见表 6-14。

表 6-14　现代流通业与先进制造业综合协同性预警警级与警度

预警状态	巨警区	重警区	中警区	轻警区	无警区
预警区间	$[0,0.2614)$	$[0.2614,0.5227)$	$[0.5227,0.6402)$	$[0.6402,0.7579)$	$[0.7579,1]$
协同程度	重度不协同	严重不协同	中度不协同	轻度不协同	协同
预警信号	红色	橙色	黄色	绿色	蓝色

根据表 6-14 对现代流通业与先进制造业综合协同性预警与警级的划分标准，对 1992—2019 年现代流通业与先进制造业综合协同性进行警度预

报,得到表 6-15 和图 6-8。

表 6-15　现代流通业与先进制造业综合协同性预警警度与警级的划分情况

年份	$C_s(x,y)$	警级	协同状况	颜色
1992	0.9819	无警	协同	蓝色
1993	0.6807	轻警	轻度不协同	绿色
1994	0.8745	无警	协同	蓝色
1995	0.9944	无警	协同	蓝色
1996	0.9856	无警	协同	蓝色
1997	0.9422	无警	协同	蓝色
1998	0.7483	轻警	轻度不协同	绿色
1999	0.9645	无警	协同	蓝色
2000	0.7304	轻警	轻度不协同	绿色
2001	0.9748	无警	协同	蓝色
2002	0.9618	无警	协同	蓝色
2003	0.9863	无警	协同	蓝色
2004	0.9182	无警	协同	蓝色
2005	0.7008	轻警	轻度不协同	绿色
2006	0.9517	无警	协同	蓝色
2007	0.9712	无警	协同	蓝色
2008	0.5566	中警	中度不协同	黄色
2009	0.8362	无警	协同	蓝色
2010	0.8624	无警	协同	蓝色
2011	0.9791	无警	协同	蓝色
2012	0.6587	轻警	轻度不协同	绿色
2013	0.9693	无警	协同	蓝色
2014	0.8734	无警	协同	蓝色
2015	0.8781	无警	协同	蓝色
2016	0.8696	无警	协同	蓝色
2017	0.8674	无警	协同	蓝色
2018	0.8865	无警	协同	蓝色
2019	0.9057	无警	协同	蓝色

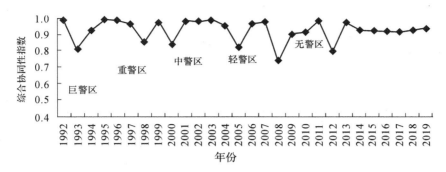

图 6-3　1992—2019 年现代流通业与先进制造业综合协同性警度预报

从表 6-15 和图 6-3 可以看出,1992—2019 年,我国现代流通业与先进制造业综合协同程度较好。2008 年处于中警状态,1993 年、1998 年、2000 年、2005 年、2012 年处于轻警状态,其他年份处于无警状态。

通过预警分析发现,我国现代流通业与先进制造业科技创新能力、可持续发展能力、市场开拓能力、产业效率、产业效益和综合协同性状况较好,除个别年份处于轻警、中警或者重警状态外,绝大部分年份处于无警状态。此外,无论是子系统协同性指数还是综合协同性指数,处于有警状态的年份也大致相似,主要是 1993 年、1998 年、2000 年、2001 年、2005 年、2008 年、2010 年、2011 年。通过预测 2015—2019 年现代流通业与先进制造业科技创新能力、可持续发展能力、市场开拓能力、产业效率、产业效益和综合协同性指数的趋势值,发现都处于无警状态。

为了寻找出现警情的原因,需要分析警源指标的变化情况。通过观察发现,在 1993 年、1998 年、2000 年、2001 年、2005 年、2008 年、2010 年、2011 年,现代流通业与先进制造业的科技创新能力评价指数、可持续发展能力评价指数、市场开拓能力评价指数、产业效率评价指数、产业效益评价指数和综合协同性评价指数之间差异非常大。继续观察指标体系中四级指标,发现在这些年份里,现代流通业与先进制造业的许多四级指标差异显著。例如,1993 年现代流通业与先进制造业从业人员数相差 717 万人,是 1992—2005 年从业人员数差距最大的年份;1993 年,先进制造业产业增加值增长率达到 67.83%,为 1990—2014 年产业增加值增长率最大的年份,而当年现代流通业产业增加值增长率为 21.89%,两者差异显著,上述差异可能是1993 年现代流通业与先进制造业市场开拓能力处于轻度不协同状态的原因。2000 年,现代流通业与先进制造业 R&D 经费支出相差 473.9944 亿元,成为 1992—2012 年 R&D 经费支出差距最大的年份,这可能是 2000 年现代流通业与先进制造业科技创新能力处于轻度不协同的原因。2001 年,现代流通业产值增长率为 50.80%,为 1990—2014 年之最大值,而当年先进制造业产值增长率为 14.97%,相差 35.87%;2001 年,现代流通业人均产值增长率是 68.07%,为 1990—2014 年之最大值,远远超过先进制造业人均产值增长率 22%,这可能是 2001 年现代流通业与先进制造业市场开拓能力处于轻度不协同的原因。2012 年,先进制造业利润增长率是 -0.44%,远远低于 1990—2014 年利润增长率平均值 24.8%,现代流通业利润增长率则高达23.41%,这可能是 2012 年现代流通业与先进制造业市场开拓能力处于轻度不协同状态的原因。正是个别指标出现了巨大差异,导致现代流通业与先进制造业静态协同性指数在这些年份低于 0.9,两者没有处于非常协同状态。而个别警源指标出现了严重不协同或者差距过大的情况,导致现代流通业与先进制造业在这些年份出现轻警、中警甚至是重警警情。因此,制定政策时,不仅要关注协同性指数变化引起的警情,更要关注警源指标的变化情况,避免因个别警源指标的剧烈变化导致现代流通业与先进制造业不协同发展,出现警情。

第四节　本章小结

本章利用预警理论和方法,构建了现代流通业与先进制造业协同性预警体系。首先,从理论上介绍了现代流通业与先进制造业协同性预警体系,界定了现代流通业与先进制造业协同性预警体系的定义,阐述了现代流通业与先进制造业协同性预警体系的内容和意义。现代流通业与先进制造业协同性预警体系是指在科学理论指导的基础上,运用预测预警理论和方法,通过定性和定量分析对现代流通业与先进制造业协同性的运行参数和指标进行评价、诊断、监测,预测现代流通业与先进制造业的运行状态与协同发展程度,预警协同性的临界突破,以期引起政府、企业和社会大众的关注,并及时分析原因,采取应对措施,维持经济系统和谐性的一套制度和方法。其实质是对现代流通业与先进制造业协同发展程度的评判,其作用和目的是示警防患、超前预控。本书遵循方法的科学性、指标的可得性、结果的可靠性等原则,确定了现代流通业与先进制造业协同性预警体系的内容,包括监测警情、寻找警源、分析警兆、预报警度。

　　其次,介绍了常见的经济预警方法,包括景气指数法、多元判别分析法、多元逻辑回归法和 ARMA 模型,对这些预警方法进行比较分析后,选择 ARMA 模型进行我国现代流通业与先进制造业协同性预警。

　　最后,按照监测警情、寻找警源、分析警兆、预报警度程序,以我国现代流通业与先进制造业科技创新能力、可持续发展能力、市场开拓能力、产业效率、产业效益静态协同性指数和综合静态协同性指数作为警情指标,实证分析了 1992—2019 年我国现代流通业与先进制造业协同性预警状况。

　　子系统预警分析结果表明:1997 年、2000 年、2008 年、2011 年我国现代流通业与先进制造业科技创新能力处于轻警状态,2001 年处于中警状态,其余年份科技创新能力处于无警状态;1992—2019 年可持续发展能力均处于无警状态,协同性状况非常好;市场开拓能力协同性警度变化比较大,1994 年、1999 年、2000 年、2001 年、2002 年、2005 年、2008 年处于中警状态,1992 年、2010 年、2012 年、2013 年处于轻警状态,其他年份市场开拓能力协同性处于无警状态;1996 年、2001 年、2004 年、2009 年产业效率协同性处于轻警状态,1994 年、2010 处于中警状态,其他年份的产业效率协同性处于无警状态;产业效益协同性均处于无警状态。

　　通过预警分析发现,1992—2019 年,我国现代流通业与先进制造业综合协同程度较好,除了 2008 年处于中警状态,1993 年、1998 年、2000 年、2005 年、2012 年处于轻警状态,其余年份处于无警状态。除了个别年份处于轻警、中警或者重警外,绝大部分年份处于无警状态。

　　此外,无论是子系统协同性指数还是综合协同性指数,处于有警状态的年份也大致相似,主要是 1993 年、1998 年、2000 年、2001 年、2005 年、2008 年、2010 年、2011 年。观察指标体系中的四级指标,发现在这些年份里,现代流通业与先进制造业的许多四级指标差异显著,正是这些差异导致现代流通业与先进制造业静态协同性指数在这些年份都低于 0.9,两者没有处于非常协同状态。通过预测 2015—2019 年现代流通业与先进制造业科技创新能力、可持续发展能力、市场开拓能力、产业效率、产业效益和综合协同性指数的趋势值,发现都处于无警状态。

第七章 结论、建议与展望

第一节 研究结论

本书以"现代流通业与先进制造业协同性"为研究主题,基于产业国际竞争力研究视角,运用国家竞争优势理论、国际分工理论、协同理论等,界定了产业国际竞争力的内涵、层次和内容,阐述了现代流通业与先进制造业国际竞争力的内涵、评价指标和评价方法,探析了现代流通业与先进制造业协同性的内涵、特点、判断标准,分析了现代流通业与先进制造业协同发展机理、协同机制及影响因素等。从国际竞争力的来源、表现、实质、结果四个层次构建了现代流通业与先进制造业协同性评价指标体系,并对现代流通业与先进制造业协同性预警体系等内容进行了深入研究,从而构建了相对完整的现代流通业与先进制造业协同性理论体系。利用1990—2014年统计数据,对我国现代流通业与先进制造业国际竞争力及两者的协同性进行了综合评价,对现代流通业与先进制造业协同性影响因素进行了定量分析,对现代流通业与先进制造业协同性进行了监测预警。在此基础上,提出了提升我国现代流通业与先进制造业国际竞争力、促进两者协同发展的政策建议,并对未来研究方向进行了展望。

本书在以下几个方面展开了研究,并得出了相应结论。

1. 界定了产业国际竞争力的内涵、层次和内容,现代流通业和先进制造业的内涵与特点,现代流通业和先进制造业国际竞争力的内涵

产业国际竞争力是一种综合能力,不仅包括产业在竞争中体现出来的科技实力、发展水平、要素效率等,也包括企业经营管理能力、满足市场需求

等方面所体现出来的竞争能力,以及支持产业参与竞争的基础设施、环境等方面的竞争力。产业国际竞争力包含竞争来源、表现、实质、结果四个层次,具体表现在科技创新能力、可持续发展能力、市场开拓能力、产业效率、产业效益五个方面。

本书将现代流通业定义为建立在现代流通技术和先进管理方法基础上的一切从事实物商品和服务商品流通的产业的总称;将先进制造业定义为拥有先进制造技术、先进制造模式、先进营销网络组织、先进管理技术,并应用于研发设计、生产制造和服务管理全过程,取得良好经济和社会效益的产业的总称。

现代流通业国际竞争力是指在一定环境下,相对于其他国家或地区的现代流通业在企业经营管理能力、要素效率、满足市场需求等方面所体现的竞争能力,以及支持这种能力的基础设施、环境等方面的竞争力。先进制造业国际竞争力是指在一定环境下,相对于其他国家或地区的先进制造业在企业经营管理能力、要素效率、满足市场需求等方面所体现的竞争能力,以及支持这种能力的基础设施、环境等方面的竞争力。

2. 界定了现代流通业与先进制造业协同性的内涵、特点与判断标准

现代流通业与先进制造业的协同性是指两者之间优势互补、相互依存、相互协作、相互促进,形成发展方向的一致性与和谐性,以达到共同发展、共同繁荣的双赢效果。现代流通业与先进制造业的协同发展必须同时实现规模协同、分工协同、创新协同、政策协同这四个协同才能演进为高效协同状态。现代流通业与先进制造业协同性的判断标准包括科技创新能力、可持续发展能力、市场开拓能力、产业效率和产业效益五个标准。现代流通业与先进制造业的协同性特点体现在互动需求、价值增值和区位集聚三个方面。

3. 构建了现代流通业与先进制造业国际竞争力评价指标体系,对我国现代流通业与先进制造业国际竞争力进行了综合评价

本书从国际竞争力的四个层次和五个内容出发构建了现代流通业与先进制造业评价指标体系。选取评价指标时遵循全面性和科学性原则、可操作性和合理性原则、整体性和层次性原则、动态性和稳定性原则。现代流通业评价指标体系设置 12 个二级指标和 46 个三级指标,先进制造业评价指标体系设置 13 个二级指标和 48 个三级指标。在构建评价指标体系之后,借助主成分分析法,测算了现代流通业国际竞争力综合评价指数与先进制造业国际竞争力综合评价指数。在评价先进制造业之前,测算了制造业 28

个子行业的科技创新能力评价指数、可持续发展能力评价指数、市场开拓能力评价指数、产业效率评价指数、产业效益评价指数和综合评价指数,从中选取出先进制造业。

通过以上分析,得出如下结论。

(1)我国现代流通业与先进制造业发展势头良好,发展情况逐年改善。现代流通业国际竞争力综合评价指数由1990年的−0.3876上升到2014年的0.9371,先进制造业国际竞争力综合评价指数由1990年的−0.8148上升到2014年的1.4648,两者均呈现明显的上升趋势,这说明我国现代流通业与先进制造业发展势头良好,发展情况逐年改善。

(2)我国现代流通业的发展动力没有先进制造业强劲。2006年之前,我国现代流通业的国际竞争力综合评价指数高于先进制造业,2007年开始低于先进制造业,并且两者的差距在加大,这说明我国现代流通业的发展动力没有先进制造业强劲。

(3)我国现代流通业的国际市场占有率低于美国、德国、英国、法国和日本,贸易竞争力高于美国、德国、英国、法国和日本,显示性比较优势指数低于日本、法国和德国。我国先进制造业国际市场占有率高于美国、德国、英国、法国和日本,贸易竞争力低于日本、德国和法国,显示性比较优势指数则远远落后于美国、德国、英国、法国和日本。

4.测度了现代流通业与先进制造业科技创新能力、可持续发展能力、市场开拓能力、产业效率、产业效益等子系统协同性指数和综合协同性指数

根据国际竞争力的内涵,本书对现代流通业与先进制造业的科技创新能力、可持续发展能力、市场开拓能力、产业效率、产业效益协同现状进行了分析。运用隶属函数协同度模型和VAR模型测算了1992—2014年我国现代流通业与先进制造业的科技创新能力、可持续发展能力、市场开拓能力、产业效率、产业效益等子系统的协同性指数和综合协同性指数。

通过以上分析,得出如下结论。

(1)现代流通业与先进制造业总体上处于比较协同状态。从综合协同性指数来看,1992—2014年我国现代流通业与先进制造业综合静态协同性指数均值为0.8740,综合动态协同性指数均值为0.8872,总体上处于比较协同状态。其中,静态协同性指数,2008年为0.5566,表明两者处于轻度不协同状态;1993年为0.6807,2012年为0.6587,表明两者处于弱协同状态;1998年为0.7483,2000年为0.7304,2005年为0.7008,处于基本协同状态,

1994年、2001年、2009年、2010年、2014年在0.8～0.9,处于比较协同状态;其他年份在0.9以上,表明两者处于非常协同状态。动态协同性指数1992年、1996年、1997年、2003年、2004年在0.9以上,表明两者处于非常协同状态;其他年份在0.8～0.9之间,处于比较协同状态。

(2)现代流通业与先进制造业子系统协同性总体上处于基本协同与非常协同状态。从子系统协同性指数来看,1992—2014年,我国现代流通业与先进制造业的科技创新能力、可持续发展能力、市场开拓能力、产业效率、产业效益综合静态协同性指数均值依次为0.7895、0.9557、0.7441、0.9190和0.9418,综合动态协同性指数均值依次为0.7956、0.9588、0.7287、0.9213和0.9480,这表明,我国现代流通业与先进制造业各子系统总体上处于基本协同状态,可持续发展能力、产业效率、产业效益总体上处于非常协同状态。其中,科技创新能力静态协同性指数在2001年为0.5217,表明两者处于轻度不协同状态,1993年、1997年、2000年、2005年、2008年、2011年在0.6～0.7,处于弱协同状态,1996年、2002年、2010年、2012年、2014年在0.7～0.8,处于基本协同状态,1992年、1999年、2004年、2009年在0.8～0.9,处于比较协同状态,其他年份在0.9以上,处于非常协同状态;可持续发展能力静态协同性指数1993年、1995年、1998年、2014年在0.8～0.9,处于比较协同状态,其他年份在0.9以上,处于非常协同状态;市场开拓能力静态协同性指数1994年、1999年、2008年在0.4～0.5,表明两者处于中度不协同状态,2000年、2001年、2005年在0.5～0.6,处于轻度不协同状态,2004年、2012年在0.6～0.7,处于弱协同状态,1992年、2012年、2013年在0.7～0.8,处于基本协同状态,1993年、1996年、1998年、2009在0.8～0.9,处于比较协同状态,其他年份在0.9以上,处于非常协同状态;产业效率静态协同性指数在2000年为0.7893,表明两者处于基本协同状态,1994年、1996年、1998年、2001年、2004年、2008年、2009年在0.8～0.9,处于比较协同状态,其他年份在0.9以上,处于非常协同状态;产业效益静态协同性指数1998年、2008年在0.8～0.9,处于比较协同状态,其他年份在0.9以上,处于非常协同状态。科技创新能力动态协同性指数1992年、1994—1999年处于比较协同状态,其他年份均在0.7～0.8,处于基本协同状态;可持续发展能力、产业效率、产业效益动态协同性状况比较好,1992—2014年一直处于非常协同状态;市场开拓能力动态协同性指数1992年、1994年、2002年在0.6～0.7,表明两者处于弱协同状态,其他年份在0.7～0.8,处于基本协同状态。

5.从理论上阐述了现代流通业与先进制造业的相互促进机理、协同机制和影响因素,并用计量模型进行了实证检验

首先,从理论上分析了现代流通业与先进制造业的相互促进机理。其次,论述了现代流通业与先进制造业协同发展的运行机制,包括动力机制、传导机制、保障机制和评价机制。最后,对现代流通业与先进制造业协同发展的影响因素进行了理论和实证分析,本书选取固定资产投资额增长率、铁路分布密度、公路分布密度、高等教育入学率、教育经费占 GDP 比重、R&D强度、人均 R&D 经费支出、外贸依存度、人均 FDI、人均财政支出、人口结构等变量代表物质资本、人力资本、技术资本、经济开放程度、政策、市场等因素,建立灰色关联模型,分析各因素对现代流通业与先进制造业协同性的关联程度。

通过以上分析,得出如下结论。

(1)物质资本、人力资本、技术资本、经济开放程度、政策、市场等因素对现代流通业与先进制造业协同发展有显著影响。分析结果显示,1992—2014 年现代流通业与先进制造业静态协同性指数与固定资产投资额增长率、铁路分布密度、高等教育入学率、R&D 强度、外贸依存度、人均 FDI、人均财政支出、人口结构的灰色关联度都大于 0.6,关联显著。

(2)现代流通业与先进制造业静态性协同性指数与公路分布密度、教育经费占 GDP 比重、人均 R&D 经费支出的灰色关联度都大于 0.85,关联密切。

(3)将现代流通业与先进制造业静态协同性指数与所有因素的灰色关联度按大小进行排序,发现现代流通业与先进制造业协同性与公路分布密度关联最密切,其次是人均 R&D 经费支出,再次是教育经费占 GDP 比重,与人均财政支出的关联性最弱。

6.构建了现代流通业与先进制造业协同性预警体系,对 1992—2019 年我国现代流通业与先进制造业协同性进行了预警研究

首先,从理论上介绍了现代流通业与先进制造业协同性预警体系,界定了现代流通业与先进制造业协同性预警体系的定义,阐述了现代流通业与先进制造业协同性预警体系的内容和意义,构建了现代流通业与先进制造业的协同性预警体系。其次,介绍了常见的经济预警方法,包括景气指数法、多元判别分析法、多元逻辑回归法和 ARMA 模型,对这些方法进行比较分析后,选择 ARMA 模型进行协同性预警。最后,按照监测警情、寻找警源、分析警兆、预报警度的顺序,将现代流通业与先进制造业科技创新能力、

可持续发展能力、市场开拓能力、产业效率、产业效益静态协同性指数和综合静态协同性指数作为警情指标,实证分析了 1992—2019 年我国现代流通业与先进制造业协同性预警状况。

通过以上分析,得出如下结论:我国现代流通业与先进制造业协同性状况较好。除个别年份处于轻警、中警或者重警外,绝大部分年份处于无警状态。此外,无论是子系统协同性指数还是综合协同性指数,处于有警状态的年份也大致相似,主要是 1993 年、1998 年、2000 年、2001 年、2005 年、2008 年、2010 年、2012 年。通过预测 2015—2019 年现代流通业与先进制造业科技创新能力、可持续发展能力、市场开拓能力、产业效率、产业效益和综合协同性指数的趋势值,发现都处于无警状态。

第二节 政策建议

一、提高现代流通业国际竞争力的政策建议

现代流通业能反映一个国家或地区的经济繁荣程度,发展现代流通业是构建我国现代产业体系、培育新的经济增长点的重要内容,也是扩大内需的重要举措。提高现代流通业国际竞争力应做好以下几个方面的工作。

(一)重视流通产业,明确产业定位

在我国经济发展过程中,"重工轻商""重生产,轻流通"思想比较普遍,"发展是第一要务"的价值和政策导向盛行,对流通业的地位、功能和作用重视不足。由于思想上的认识不到位,流通产业一直没有得到足够的重视,在政策上缺乏明确的战略定位。因此,我国流通业亟须从国家战略高度彰显定位,从国家产业政策层面对流通业进行整体规划,将流通业打造成先导性支柱产业、战略性支持产业,充分发挥流通业在经济结构调整和产业升级中的引导作用和促进作用。

(二)发展和创新流通理论,引导流通产业健康发展

西方学者没有将流通理论纳入主流经济学的框架,流通理论研究一直处在低谷状态,没有引起主流经济学派的关注。国内学者研究力量薄弱,研究方向分散,迄今为止还没有创建形成一个完整独立的流通理论体系。而在实践中,我国现代流通业经过多年发展,已经初步具备了学者们提出的先

导产业、基础产业或战略产业的特征,但是,由于原创性理论缺失,研究方法陈旧,流通理论无法满足流通业进一步发展的实践需要,无法解释流通发展过程中出现的诸多实际问题,滞后的流通理论与快速发展的流通现实之间的矛盾,在一定程度上制约了我国流通业的进一步发展。因此,必须加强流通理论研究,研究范式必须与主流经济学对接。此外,理论的发展和创新必须从我国实际出发,与我国的可持续发展理念和科学发展观等衔接,建立有中国特色的流通理论体系,通过理论的发展和创新引导我国流通产业的健康发展。

（三）发展现代流通方式,提高流通业技术水平

积极推进连锁经营、物流配送、电子商务等现代流通方式,发展现代流通业的连锁化、网络化、技术化和信息化。鼓励加盟连锁、自由连锁、网络加盟、定制品牌加盟等连锁经营形式,尤其是到社区和农村建立连锁经营网点;积极探索便利店、折扣店、超市、仓储式商场、无店铺销售等新型业态,有效提高现代流通业的连锁化和网络化水平。创新流通模式,发展统一配送体系,采用现代物流管理模式,鼓励高标准、高水平现代物流配送中心的建设。推进现代流通业信息化进程,积极推广电子商务、自动化等技术,逐步提高现代流通业的整体竞争力。

（四）构建多形式、多业态、多元化的现代流通体系

鼓励多种所有制形式的流通企业的发展,形成优势互补、相互促进、有序竞争、共同发展的格局。加快多元化流通主体之间的重组、合并与联合,以大型、特大型流通企业为主导,以中小型流通企业为主体,形成流通主体多元化、相互渗透、良性互动的大流通产业。积极鼓励多种业态发展,满足日益增长的多层次、多样化消费需求。尤其是鼓励超级市场、大型综合超市、购物中心、仓储式商场等流通业态发展,发挥其规模效应;鼓励专业（专卖）店、便利店、折扣店等新型业态的发展,发挥活力;鼓励大型生产企业建立专卖店、直销店、合营店、工厂店等,从而形成开放、高效、快捷、畅通的现代流通体系。

（五）积极培育流通业龙头企业

龙头企业是流通产业走出去的主要载体,也是现代流通业具有国际竞争力的显著标志。支持核心竞争力强的流通企业,以品牌、资产、技术等资源为纽带,通过参股控股、兼并联合、资产重组等方式,实现跨地区、跨行业、跨所有制资源整合,扩大规模,提高规模效益。鼓励龙头企业开展多元经

营,提高融资能力,稳步开拓国内外市场。

二、提高先进制造业国际竞争力的政策建议

发展先进制造业是我国应对资源环境压力、实现产业转型升级的战略选择,也是应对新科技革命、提升国家竞争优势的基本前提和关键环节。发展先进制造业,一方面,要把握全球先进制造业发展特点,即智能化、敏捷化、精密化、虚拟化、网络化、全球化、绿色化生产趋势;另一方面,要深刻认识当前先进制造业发展的国内环境和制约因素。近年来,我国经济不仅面临着国际需求不足、发达国家消费不振等外部影响,也面临着土地等硬性成本快速上升、通胀、产能过剩、汇率困局等内部阻力。因此,我国制造业的竞争优势和内外部环境正在发生深刻变化,传统的投资导向、规模扩张、出口驱动等发展模式无法有效应对当前的内部和外部阻力。当前和今后一个时期,应从战略上推动先进制造业健康发展,因地制宜,寻求针对性的措施。

(一)完善国家政策支撑体系,优化先进制造业发展的制度环境

先进制造业是国家竞争优势的重要表现,也是综合国力的体现。要从国家战略高度进行统筹谋划,确定先进制造业的发展模式,突出发展战略全局性和前瞻性。要完善国家政策支撑体系,尤其在融资方面,拓宽先进制造业融资渠道,要加大金融资本对中小企业发展的资金支持。在知识产权保护、资源共享机制、利益协调等方面建立法律法规体系和政策保障体系,以立法的手段助推先进制造业发展,优化先进制造业发展的制度环境,建立促进先进制造业发展的长效机制。

(二)提升自主创新能力,培育内源型先进制造企业

先进制造业引领着国民经济的发展方向,而自主创新能力的提升是先进制造业发展的战略基点和中心环节。先进制造业是自主创新的重要载体,是自主创新最为集中和最为活跃的产业。制造企业要增强自主创新意识,加大自主创新研发的财力、人力、物力投入。鼓励和扶持内源型先进制造企业进行自主创新,加大对内源型先进制造企业的财税金融支持,支持内源型先进制造企业逐步进入全球营销网络,鼓励有比较优势的制造业企业"走出去",积极布局海外生产体系,开拓国际销售网络。

(三)推进"产学研用"一体化,加快科技成果向现实生产力转化

高等学校、科研院所、企业之间多进行各个层面的合作与交流,设立、共享研发中心和技术中心,推进"产学研用"一体化。通过成果展示、项目对

接、科技论坛等一系列活动,搭建平台,促进"产学研用"紧密结合,加快科技成果向现实生产力转化。企业加大科技成果转移转化,实现技术与市场快速有效对接,实现科技成果产业化。鼓励和引导高等学校、科研院所、企业之间建立产学研战略联盟或科技创新战略联盟,联合开发新技术、新产品和新工艺,实现高等学校、科研院所科技成果的有效转化。

（四）加强对先进制造业高端人才的引进和培养

加强对战略科学家、高端创新人才、高端制造技术人才的引进,将高端人才引进与制造业项目引进相结合,辅之以配套的科技创新团队和科研平台,建立人才—项目—基地一体化的引进模式。鼓励支持先进制造业高端人才积极参与国际科技合作项目,搭建有利于高端人才发展的事业平台。加强先进制造业高端人才社会化服务平台建设,营造良好的生活、工作、科研环境,为先进制造业高端人才提供咨询、培训、交流法律服务等。

三、促进现代流通业与先进制造业协同发展的政策建议

在经济全球化背景下,随着先进制造业发展水平的提升和现代流通业规模的扩大,两者既有实现协同发展的需要,也有实现协同发展的现实基础。

（一）积极引导和促进产业集聚

产业集聚分为两个阶段:初级阶段和高级阶段。在初级阶段,企业通过自身规模的扩大形成集聚;在高级阶段,企业通过相互联系、合作而实现集聚。现代流通业和先进制造业若形成产业集聚,则协同进入高级阶段。先进制造业具有高度的扩展能力和创新能力,先进制造业的集聚效应、规模效应及生产率的提高,对现代流通业的发展具有极大的推动力和外部性。同时,现代流通业的集聚有利于降低交易费用,形成超越单个流通企业的资源配置和持续创造价值能力,通过对先进制造业的支撑和企业间的协同合作,形成区域创新系统。从外部环境来看,应在市场的推动下,提升现代流通业与先进制造业集聚程度,政府进行必要的扶持、培育和参与,构建现代流通业与先进制造业协同发展规划,精心编制产业集聚发展战略规划,对产业发展进行合理空间布局,建立健全产业集聚公共服务体系,为产业集聚提供高效的融资服务、技术服务及人才培养和创业指导等服务,引导和促进现代流通业与先进制造业产业集聚。

（二）构建创新型产业体系，优化科技创新环境

由现代流通业和先进制造业协同发展影响因素分析结论可知，技术因素与现代流通业和先进制造业协同性关联显著。要使现代流通业与先进制造业协同发展有持续动力，关键是培育和发展创新型产业体系。创建创新型产业体系，需要政府、企业、高等院校、科研院所、行业协会等不同创新主体的支持，这些主体的创新行为为提升协同发展运行效率起到了推动作用。现代流通业与先进制造业的产业集聚也为创建创新型协同发展产业体系、实现创新协同提供便利的地理环境，知识溢出效应为创建创新型协同发展产业体系提供了交流的条件，创新主体在创新活动中不断推动科技进步。地方政府和相关主管部门应建立和完善创新激励机制，设立创新基金，推动科技创新服务平台和产业创新基地建设，建设并完善创新协同的环境，提升现代流通业和先进制造业的创新能力。

（三）建立跨行政区协同发展的组织协调机构及运行机构

建立跨行政区的现代流通业与先进制造业协同发展组织协调机构，实现重大决策与政策的无缝对接和协同，协调不同行为主体间的利益差异和冲突，实现经济的有序运行。大力支持组建各种非政府的横向协调机构，鼓励发展各种区域性产业协同协会、商会等社会团体联盟，充分发挥它们在业务培训、技术指导、行业自律等方面的作用。支持产业协同协会开展协调、组织、监管等工作，支持产业协同协会制定、宣传和贯彻协同发展的标准和规划，开展、参与协同企业的资质评定认证和管理工作。

（四）建立信息共享机制，提升信息化水平

信息共享是现代流通业与先进制造业协同发展成功运作的主要内容之一。企业获取信息的能力、传导信息的能力、消除信息扭曲的能力都对协同效率产生重大影响。支持制造企业、流通企业建立面向上下游客户的信息服务平台，实现信息实时采集、传输、对接和共享，保证协同企业之间信息共享、传导、反馈的畅通。现代流通业要健全多业态、跨区域的公共信息服务体系，进一步推动面向先进制造业的产品数据管理（PDM）、企业资源计划（ERP）、客户关系管理系统（CRM）、分销资源计划（DRP）、业务流程再造（BPR）、供应链管理（SCM）和供应商管理库存（VMI）等信息系统建设、改造和应用，提高全产业链的信息化水平。

（五）完善财税、金融、价格管理等多方支持政策，保障现代流通业与先进制造业协同发展

由现代流通业和先进制造业协同发展影响因素分析结论可知，政策因素与现代流通业和先进制造业协同性关联显著。现代流通行业和先进制造业都是关系国计民生的重要产业，两者的协同发展需要强有力的政策保障。通过政策引导，把财税支持和金融支持引导到促进现代流通业与先进制造业协同发展的区域规划、产业规划、人才引进和培养规划、土地利用规划之中，多种政策手段并举，助推现代流通业与先进制造业协同发展。

第三节　研究展望

现代流通业和先进制造业都是复合型产业，包含诸多内容，两者的协同发展是个复杂的过程，对现代流通业与先进制造业协同性的研究需要进行多学科交叉集成研究。本书对现代流通业与先进制造业协同性的研究尚处于初步阶段，对现代流通业与先进制造业协同性的内涵、特点、判断标准、协同机理、影响因素、协同性测度与预警等方面的研究还不够深入，作者也会在产业协同和经济预警领域不断学习和研究。本书仅是对现代流通业与先进制造业协同性的粗浅认识，存在诸多不足，尤其在以下几方面有待进一步完善。

（一）现代流通业与先进制造业协同性的内涵有待进一步探讨

本书将现代流通业与先进制造业的协同定义为两者之间优势互补、相互依存、相互协作、相互促进，形成发展方向的一致性与和谐性，以达到共同发展、共同繁荣的双赢效果。从科技创新能力、可持续发展能力、市场开拓能力、产业效率和产业效益五个方面界定现代流通业与先进制造业协同性的判断标准。由于作者学术水平有限，该定义不能很好地体现现代流通业与先进制造业之间复杂、互馈、动态的相互关系，判断标准也没有很好地体现两者在规模、分工、创新、政策等方面的协同情况。

（二）现代流通业与先进制造业国际竞争力的评价指标体系有待进一步丰富

本书设置了 12 个三级指标和 46 个四级指标用于评价现代流通业国际竞争力，设置了 13 个三级指标和 48 个四级指标用于评价先进制造业国际

竞争力。考虑到指标的可得性和可操作性,以及实证分析检验要求,本书无法找到或者舍弃了许多有意义的指标,如现代流通技术普及率、网上购物交易率、第三方物流占物流总额比重、会展业产值占流通产业产值比重、电子商务交易额占社会商品零售比重等。相信随着统计信息资源的丰富及实证分析方法的改进,现代流通业与先进制造业国际竞争力评价指标会更全面、更丰富。此外,在设计现代流通业国际竞争力评价指标体系时,应考虑和兼顾经济效率、社会效益、生态环境的平衡,可从供应商、制造商、分销商、零售商、最终顾客的立场或者从商流、物流、资金流、信息流的角度,构建具有现代流通业共性与行业特殊性的评价体系,从而增加研究的深度和广度。

(三)现代流通业与先进制造业协同机理和影响因素分析有待进一步探讨

现代流通业与先进制造业协同性影响因素包括物质资本、人力资本、技术资本、经济开放程度、政策、市场等因素,本书只对影响因素进行了关联度分析,没有实证检验其对协同性的影响程度。

(四)现代流通业与先进制造业协同性的测度与预警研究方法有待进一步提升

本书应用了综合评价法、VAR 模型、ARMA 模型对现代流通业与先进制造业协同性进行测度与预警。实证分析时,由于统计数据的缺乏,以及各个省份统计口径不一致,书中数据的样本期只有 25 年,样本容量不够大,可能导致实证分析结果的精确性不够高。

参考文献

［1］［美］迈克尔·波特，1996.竞争优势［M］.陈小悦，译.北京：华夏出版社.

［2］［西德］H.哈肯，1984.协同学［M］.徐锡申，等译.北京：原子能出版社.

［3］Araujo L M，2006. Services，products，and the institutional structure of production［J］. Industrial Marketing Management，35(7)：797-805.

［4］Bertinelli L，Zou B，2008. Does urbanization foster human capital accumulation? ［J］. The Journal of Developing Areas，41(2)：171-184.

［5］Chen Z J，Chen Z G，Tian H，2007. Risk assessment on road transportation systems for dangerous goods［J］. Industrial Safety and Environmental Protection，33(6)：51-53.

［6］Cho D，2000. From Adam Smith to Michael Porter ［M］. Aspen ：Aspen Publishers：55-131.

［7］Cohen J P，2010. The broader effects of transportation infrastructure： spatial econometrics and productivity approaches［J］. Transportation Research ，46e(3)：317-326.

［8］Czarnitzki D，Spielkamp A，2000. Business services in Germany：bridges for innovation［R］. Discussion Paper：00-52.

［9］Daniels P W，Bryson J R，2005. Manufacturing services and servicing manufacturing： knowledge-based cities and changing forms of production ［J］. Urban Studies，39：977-999.

［10］Ernst D ，Kim L，2002. Global production networks， knowledge diffusion， and local capability formation［J］. Research policy，31(8/

9)：1417-1429.

[11] Eswaran M，Kotwal A，2002. The role of the service sector in the process of industrialization [J]. Journal of Development Economics,68 (2)：401-420.

[12] Goldhar J，Berg D，2013. Blurring the boundary：convergence of factory and service processes [J]. Journal of Manufacturing Technology Management,21 (12)：341-354.

[13] Hanssens H，Derudder B，Witlox F，2013. Are advanced producer services connectors for regional economies? an exploration of the geographies of advanced producer service procurement in Belgium [J]. Geoforum,47：12-21.

[14] Howard V,Antonia M,Domingo G,2008. Innovation and performance in Spanish manufacturing SMEs [J]. International Journal of Entrepreneurship and Innovation Management,8(1)：36-56.

[15] Hutton T A, 2004. Services industries, globalization and urban restructuring within the Asia-Pacific：new development trajectories and planning responses[J]. Progress in Planning, 1：1-74.

[16] Kuo R J，Wu P C，Wang C P，2002. An intelligent sales forecasting system through integration of artificial neural networks and fuzzy neural networks with fuzzy Weight-Elimination [J]. Neural Networks,15(7)：909-925.

[17] Lei D T，2004. Industry evolution and competence development：the imperatives of technological convergence[J]. International Journal of Technology Management, 19(7-8)：726.

[18] Lodefalk M，2014. The role of services for manufacturing firm exports [J]. Review of World Economics,1(1)：59-82.

[19] Lodefalk M,2014. The role of services for manufacturing firm exports [J]. Review of World Economics,150(1)：59-82.

[20] Macpherson A，2008. Producer service linkages and industrial innovation：results of a Twelve-Year tracking study of New York State manufacturers [J].Growth & Change, 39(1)：1-23.

[21] Melitz M J,2003. The impact of trade on intra-industry reallocations and aggregate industry productivity [J]. Econometrica, 71 （6）：

1695-1725.

[22] Miles I,2003. Knowledge intensive services, suppliers and client[R]. Report to the Ministry of Trade and Industry. Finland:Studies and Reports.

[23] Moyart L, 2005. The role of producer services in regional development:what opportunities for Medium-Sized cities in Belgium? [J]. Service Industries Journal, 25(2):213-228.

[24] Muller E,Zenker A,2001. Business service as actors of knowledge transformation:the role of KIBS in regional and national innovation systems [J]. Research Policy. 30:1501-1516.

[25] Ngai L R,2004. Barriers and the transition to modern growth[J]. Journal of Monetary Economics,51:1353-1383.

[26] Paolo G, Valentina M, 2005. Technology and international competitiveness: the interdependence between manufacturing and producer services [J]. Structural Change and Economic Dynamics,16 (2):489-500.

[27] Rugman A M, D'Cruz J R, 1993. The double diamond model of international competitiveness: the Canadian experience [J]. Management International Review, 33:17-39.

[28] Sarkar S,Sriram R,2001. Bayesian models for early warnings of bank failures[J]. Management Science,47(10):1457-1475.

[29] Shang H Y,Dong Q L,Wang X P,et al,2008. The risk evaluation for hazardous materials transportation [C]. IEEE International Conference on Service Operations and Logistics and Informatics. Piscataway,NJ:IEEE Press.

[30] Strambach S,2001. Innovation processes and the role of knowledge intensive business service [M]. Heidelberg:Physical.

[31] van Dijk M, Nomalor O, 2000. Technological regimes and industrial dynamics:the evidence from dutch manufacturing[J]. Industrial and Corporate Change,9(2):173-194

[32] Vargo S L, Lusch R F,2004. Evolving to a new dominant logic for marketing [J]. Journal of Marketing,68:1-17.

[33] Vargo S L, 2008. Customer integration and value creation:

paradigmatic traps and perspectives[J]. Journal of Service Research，11(2):211-215.

[34] Vargo S L，Lusch R F，2008. From goods to service(s):divergences and convergences of logics [J]. Industrial Marketing Management，37(3):254-259.

[35] Wooliscroft B，Tamilia R D，Shapiro S J，2006. A Twenty-First Century guide to aldersonian marketing thought [M]. New York：Springer-Verlag New York Inc.

[36] 白清，2015. 生产性服务业促进制造业升级的机制分析:基于全球价值链视角[J]. 财经问题研究，4:19-25.

[37] 曾锵，2019. 大数据驱动的商业模式创新研究[J]科学学研究，6:1142-1152.

[38] 陈海权，2014.关于现代流通业的重新认识[J].商业时代，17:4-5.

[39] 陈宏付，2007.构建本土零售企业的国际竞争优势:应对跨国零售业本土化的思考[J].企业经济，9:17-24.

[40] 陈佳贵，黄群慧，钟宏武，2006.中国地区工业化进程的综合评价和特征分析[J].经济研究，6:4-15.

[41] 陈漫，张新国，2016.经济周期下的中国制造企业服务转型:嵌入还是混入[J].中国工业经济，8:93-109.

[42] 陈文玲，2012.现代流通体系的革命性变革[J].中国流通经济，12:21-23.

[43] 程大中，2008.中国生产性服务业的水平、结构及影响:基于投入—产出法的国际比较研究[J].经济研究，1:76-87.

[44] 程艳，叶徵，2013.流通成本变动与制造业空间集聚:基于地方保护政策的理论和实践分析[J].中国工业经济，4:146-158.

[45] 崔振洪，2013.基于 DEA 的 Malmquist 指数分析法在农产品流通效率评价中的应用[J].齐齐哈尔大学学报，5:59-60.

[46] 戴翔，李洲，张雨，2019.服务投入来源差异、制造业服务化与价值链攀升[J].财经研究，5:30-43.

[47] 邓若鸿，吕一林，贾建伟，2001.基于 GIS 的生产与流通预警预报智能决策支持系统设计[J].系统工程理论与实践，3:83-86.

[48] 邓洲，2019.制造业与服务业融合发展的历史逻辑、现实意义与路径探索[J].北京工业大学学报(社会科学版)，4:61-69.

［49］丁俊发,2012.流通成本高、效率低问题的冷思考［J］.中国流通经济, 12:18-20.

［50］丁宁,2015.流通企业"走出去"与我国产品价值链创新［J］.商业经济与 管理,1:13-18.

［51］董承华,刘国辉,2013.信息技术提升流通业效率的路径研究［J］.北京 工商大学学报(社会科学版),2:31-34.

［52］杜传忠,王鑫,刘忠京,2013.制造业与生产性服务业耦合协同能提高经 济圈竞争力吗?——基于京津冀与长三角两大经济圈的比较［J］.产业 经济研究,6:19-28.

［53］杜潇潇,李云清,李根柱,2006.关于建立物流市场景气预警系统的研究 ［J］.物流技术,8:1-3.

［54］范爱军,林琳,2006.中国工业品的国际竞争力［J］.世界经济,11: 30-37.

［55］冯泰文,2009.生产性服务业的发展对制造业效率的影响:以交易成本 和制造成本为中介变量［J］.数量经济与技术经济研究,3:56-65.

［56］高传胜,2008.中国生产者服务对制造业升级的支撑作用:基于中国投 入产出数据的实证分析［J］.山西财经大学学报,1:44-50.

［57］高峰,2007.全球价值链视角下制造业与服务业的互动［J］.现代管理科 学,1:43-45.

［58］高峰,刘志彪,2008.产业协同集聚:长三角经验及对京津唐产业发展战 略的启示［J］.河北学刊,1:142-146.

［59］顾乃华,毕斗斗,任旺兵,2006.中国转型期生产性服务业发展与制造业 竞争力关系研究:基于面板数据的实证分析［J］.中国工业经济,9: 14-21.

［60］郭庆军,周云飞,闫莉,2014.制造业与物流业种群生态系统协同演化 实证研究［J］.工业技术经济,7:9-18.

［61］何燕,2010.现代流通理论内涵的认识［J］.商场现代化.25:3-4

［62］洪涛,2012.降低流通成本、提高流通效率的路径选择［J］.中国流通经 济,12:30-35.

［63］胡绪华,2012.劳动力成本提升背景下我国制造业国际竞争力的可持续 成长［J］.现代经济探讨,5:23-26.

［64］黄福华,谷汉文,2009.中国现代制造业与物流业协同发展对策探讨 ［J］.中国流通经济,8:17-20.

［65］黄国雄,刘玉奇,王强,2009.中国商贸流通业 60 年发展与瞻望[J].财贸经济,9:26-32.

［66］黄先海,2006.中国制造业贸易竞争力的测度与分析[J].国际贸易问题,5:12-16.

［67］黄烨菁,2010.何为"先进制造业"? ——对一个模糊概念的学术梳理[J].学术月刊,7:87-93.

［68］黄雨婷,文雯,2019.流通业发展、空间互动与城市经济增长[J].产业经济研究,4:75-87.

［69］纪宝成,2010.流通竞争力与流通产业可持续发展[J].中国流通经济,1:4-6.

［70］纪良纲,王慧娟,2008.商品流通规模监测预警指标的筛选:基于时差相关分析法的视角[J].经济与管理,2:5-7.

［71］江静,刘志彪,于明超,2007.生产者服务业发展与制造业效率提升:基于地区和行业面板数据的经验分析[J].世界经济,8:52-62.

［72］金碚,李钢,陈志,2007.中国制造业国际竞争力现状分析及提升对策[J].财贸经济,3:3-10.

［73］金成晓,俞婷婷,2008.基于 BP 神经网络我国制造业产业安全预警研究[J].北京工业大学学报,1:8-16.

［74］荆林波,2013.中国流通业效率实证分析和创新方向[J].中国流通经济,6:13-17.

［75］雷勋平,杜春晓,朱文捷,2012.区域物流业与制造业协调发展研究:以皖江城市带为例[J].上海商学院学报,6:26-31.

［76］李飞,刘明藏,2005.中国商品流通现代化的评价指标体系研究[J].清华大学学报(哲学社会科学版),3:12-17.

［77］李宏,2010.商贸流通业监测预警系统研究[J].现代商业,17:6-8.

［78］李靖华,林莉,李倩岚,2019.制造业服务化商业模式创新:基于资源基础观[J].科研管理,3:74-83

［79］李骏阳,余鹏,2009.对我国流通效率的实证分析[J].商业经济与管理,11:14-20.

［80］李松庆,苏开拓,2009.广东制造业与物流业联动发展的灰色关联分析[J].中国集体经济,15:104-105.

［81］李晓慧,2015.我国流通业与制造业的产业关联分析[J].北京工商大学学报(社会科学版),3:39-47.

[82] 李杨超,祝合良,2015.商贸服务业与制造业长期关系及短期动态调整效应[J].首都经贸大学学报,6:69-76.

[83] 刘斌,魏倩,吕越,等,2016.制造业服务化与价值链升级[J].经济研究,3:151-162.

[84] 刘丹,2012.制造业与物流业协调发展的实证研究[J].福州大学学报(哲学社会科学版),3:27-30.

[85] 刘东明,2013.流通国际化程度与国际竞争力衡量标准探讨[J]商业时代,13:11-12.

[86] 刘根荣,付煜,2001.中国流通产业区域竞争力评价:基于因子分析[J].商业经济与管理,7:11-18.

[87] 刘军跃,万侃,钟升,等,2012.重庆生产服务业与装备制造业耦合协调度分析[J].武汉理工大学学报(信息与管理工程版),4:485-489.

[88] 刘向东,石杰慎,2009.我国商业的产业关联分析及国际比较[J].中国软科学 4:42-49.

[89] 刘永胜,2013.北京地区制造业上市公司物流风险预警:基于主成分分析方法[J].中国流通经济,4:60-66.

[90] 刘志彪,2006.发展现代生产者服务业与调整优化制造业结构[J].南京大学学报 5:36-44.

[91] 柳思维,张学文,熊曦,2012.林产品流通效率研究综述[J].财经论丛,2:111-116.

[92] 陆剑宝,梁琦,2012.生产性服务业与制造业的空间与产业二重协同:研究述评与展望[J].中大管理研究,7:106-119.

[93] 陆小成,2009.生产性服务业与制造业融合的知识链模型研究[J].情报杂志,2:117-121.

[94] 路红艳,2009.生产性服务与制造业结构升级:基于产业互动、融合的视角[J].财贸经济,9:126-131.

[95] 罗军,2018.服务化发展与制造业全球价值链地位:影响机制与门槛效应[J].当代财经,11:100-110.

[96] 吕越,李小萌,吕云龙,2017.GVC中的制造业服务化与企业全要素生产率[J].南开经济研究,3:88-110.

[97] 吕政,刘勇,王钦,2006.中国生产服务业发展的战略选择:基于产业互动的研究视角[J].中国工业经济,8:5-12.

[98] 马龙龙,2005.流通产业政策[M].北京:清华大学出版社.

[99] 欧阳小迅,黄福华,2011.我国农产品流通效率的度量及其决定因素：2000—2009[J].农业技术经济,2:76-84.

[100] 彭本红,冯良清,2010.现代物流业与先进制造业的共生机理研究[J].商业经济与管理,1:18-25.

[101] 彭晖,周贞,2018.流通业与制造业耦合发展的机制研究[J].价格月刊,5:62-67.

[102] 阮君,郑珍远,2006.福建省现代物流产业发展的投入产出分析[J].统计与信息论坛,5:72-76.

[103] 芮明杰,王子军,2012.产业发展与结构转型研究：后金融危机时代上海先进制造业发展战略与政策[M].上海：上海财经大学出版社.

[104] 商黎,2014.先进制造业统计标准探析[J].统计研究,1:111-112.

[105] 上创利,2012.流通产业发展方式转变研究[D].哈尔滨：哈尔滨商业大学经济学院.

[106] 施国洪,赵曼,2010.基于DEA的江苏省物流业与制造业协调发展评价[J].科技管理研究,9:62-65.

[107] 宋则,2004.中国流通创新前沿报告[M].北京：中国人民大学出版社.

[108] 宋则,常东亮,丁宁,2010.流通业影响力与制造业结构调整[J].中国工业经济,8:5-14.

[109] 宋则,张弘,2003.中国流通现代化评价指标体系研究[J].商业时代,11 :2-3.

[110] 苏秦,张艳,2011.制造业与物流业联动现状分析及国际比较[J].中国软科学,5:37-45.

[111] 苏为华,2005.综合评价学[M].北京：中国市场出版社.

[112] 苏为华,朱发仓,2006.商贸流通产业对社会经济发展的影响：以浙江省商贸流通产业的发展为例[J].国际商务（对外经济贸易大学学报）,6:60-64.

[113] 苏燕平,2018."三新"视角下以"新零售"推动流通业革命的思考[J].商业经济研究,14:12-15.

[114] 孙敬水,章迪平,2010.中国流通业所有制结构变迁绩效实证分析[J].经济学家,2:100-102.

[115] 孙鹏,罗新星,2012.区域现代物流服务业与制造业发展的协同度评价：基于湖南省数据的实证分析[J].系统工程,7:112-117.

[116] 孙漩,刘玲基,居娴,2009.天津市社会经济与水资源发展协同预警研

究[J].水资源保护,11:81-85.

[117] 谭洪波,2015.生产者服务业与制造业的空间集聚:基于贸易成本的研究[J].世界经济,3:171-192.

[118] 唐强荣,徐学军,何自力,2009.生产性服务业与制造业共生发展模型及实证研究[J].南开管理评论,3:20-26.

[119] 唐荣,顾乃华,2018.上游生产性服务业价值链嵌入与制造业资源错配改善[J].产业经济研究,3:14-26.

[120] 汪素芹,2005.我国工业制成品出口贸易结构与竞争力实证分析[J].国际贸易问题,6:21-25.

[121] 王家庭,王璇,2011.中国制造业发展的现实反思及其国际竞争力研究[J].经济问题探索,7:1-8.

[122] 王娟娟,2016.供给侧改革视角下的中国制造与商品流通协同发展战略研究[J].西北民族大学学报(哲学社会科学版),3:160-168.

[123] 王军,曹丽新,2012.基于 DEA 分析的制造业与物流业联动发展协调度提升研究:以青岛市为例[J].前沿,22:90-92.

[124] 王坤,骆温平,2015.开放式创新下跨组织协作对物流企业服务创新能力的影响:基于制造企业参与的视角[J].中国流通经济,4:50-56.

[125] 王潇,2009.发展现代流通业 促进消费升级[J].经济纵横,1:85-87.

[126] 王小平,贾敬刚,马彦丽,2001.提高我国流通产业国际竞争力的背景与对策研究[J].经济工作导刊,9:4-7.

[127] 王晓红,王传荣,2013.产业转型条件的制造业与服务业融合[J].改革,9:40-47.

[128] 王玉芳,2012.国有林区经济生态社会系统协同发展机理研究[D].哈尔滨:东北林业大学经济管理学院.

[129] 王章豹,李垒,2007.我国制造业技术创新能力与产业竞争力的灰色关联分析[J].科学学与科学技术管理,7:38-42.

[130] 王珍珍,陈功玉,2010.我国制造业不同子行业与物流业联动发展协调度实证研究:基于灰色关联模型[J].上海财经大学学报,3:65-74.

[131] 王宗水,秦续忠,赵红,等,2018.制造业服务化与商业模式创新策略选择[J].科学学研究,7:1188-1195.

[132] 韦琦,2014.物流业与制造业的协同定位:基于中国省级数据的实证研究[J].中大管理研究,9:139-155.

[133] 魏浩,2008.中国工业制成品出口竞争力及其提升策略[J].国际经贸

探索,6:77-82.

[134] 魏浩,毛日昇,张二震,2005.中国制成品出口比较优势及贸易结构分析[J].世界经济,02:34-36.

[135] 文娟萍,徐小力,2004.面向制造业的远程网络协同监测系统[J].北京机械工业学院学报,4:1-5.

[136] 翁欣月,2017.长三角地区商贸流通业空间溢出及收敛性研究[D].杭州:浙江工商大学.

[137] 吴群,2011.制造业与物流业联动共生模式及相关对策研究[J].经济问题探索,1:72-75.

[138] 吴晓波,吴东,周浩军,2011.基于产业升级的先进制造业理论模型研究[J].自然辩证法研究,5:62-67.

[139] 夏春玉,2009.流通概论(第二版)[M].大连:东北财经大学出版社.

[140] 夏杰长,2008.高新技术与现代服务业融合发展研究[M].北京:经济管理出版社.

[141] 徐从才,丁宁,2008.服务制造业互动发展的价值链创新与绩效:基于大型零售商纵向约束与供应链流程再造的分析[J].管理世界,8:77-86.

[142] 徐学军,冯骥龙,何来刚,2007.基于交易成本的制造业与生产服务业共生模式[J].科技管理研究,9:171-173.

[143] 杨龙志,刘观兵,2016.流通产业与国民经济是否存在最优匹配效应:兼对我国流通领域"产能过剩"抑或"产能不足"的考察[J].财贸经济,9:97-111.

[144] 杨迎心,冯志勇,饶国政,等,2011.基于模糊综合评价构建物流运输预警模型[J].计算机应用,10:2844-2848.

[145] 尹响,杨继瑞,2016.我国高端装备制造产业国际化的路径与对策分析[J].经济学家 4:103-104.

[146] 于波,李平华,2010.先进制造业的内涵分析[J].南京财经大学学报,6:23-27.

[147] 于明远,范爱军,2016.全球价值链、生产性服务与中国制造业国际竞争力的提升[J].财经论丛,6:11-18.

[148] 袁红林,辛娜,2019.全球生产网络下我国先进制造业集群的国际经验与政策建议[J].国际贸易,5:61-68.

[149] 袁克珠,2007.长三角制造业与区域物流联动发展研究:基于灰色关联

分析[J].经济与社会发展,10:65-70.

[150] 袁志刚,饶璨,2014.全球化与中国生产服务业发展:基于全球投入产出模型的研究[J].管理世界,3:10-30.

[151] 张广生,2007.现代流通业是推动农业产业化的助力器[J].中国流通经济,8:7-9.

[152] 张虎,韩爱华,杨青龙,2017.中国制造业与生产性服务业协同集聚的空间效应分析[J].数量经济与技术经济研究,2:3-20.

[153] 张洁梅,2007.现代制造业与生产性服务业互动融合发展研究:以河南省为例[M].北京:中国经济出版社.

[154] 张英,和淑萍,2005.发展现代流通业 促进黑龙江省老工业基地的振兴[J].商业研究,11:169-170.

[155] 张予川,戴承,张金鑫,2017.长江经济带制造业服务转型路径选择:基于微笑曲线的实证研究[J].软科学,6:24-29.

[156] 赵凯,宋则,2009.商贸流通服务业影响力及作用机理研究[J].财贸经济,1:102-108.

[157] 赵树梅,2016.供给侧结构性改革背景下流通企业的应对之策[J].中国流通经济,3:55-61.

[158] 赵霞,2012.我国流通服务业与制造业互动的产业关联分析与动态比较[J].商业经济与管理,11:5-14.

[159] 周勤,朱有为,2005.中国制造业和商业关系演化:总量分析[J].中国工业经济,8:50-55.

[160] 周长富,张二震,2011.基于流通创新的现代生产者服务业内在机制分析[J].商业经济与管理,3:5-10.

[161] 周政,周蕾,2015.亚洲服务业:发展与创新——"第四届现代服务业发展论坛"综述[J].浙江树人大学学报,3:38-41.

[162] 朱海燕,魏江,周泯非,2008.知识密集型服务业与制造业交互创新机理研究[J].西安电子科技大学学报,2:1-7.

[163] 朱立龙,于涛,夏同水,2012.我国现代流通业影响因素及发展对策[J].中国流通经济,5:19-23.

[164] 朱瑞庭,尹卫华,2014.全球价值链视阈下中国零售业国际竞争力及政策支撑研究[J].商业经济与管理,9:17-24.

[165] 朱有为,张向阳,2005.国际制造业与服务业向中国转移的协同关系分析[J].中国软科学,10:73-79.

［166］庄尚文，王永培，2008．商品流通结构、效率与制造业增长：基于2000—2006 年中国省际面板数据的实证分析［J］．北京工商大学学报（社会科学版），11：11-18．

［167］邹筱，张世良，2012．物流业与制造业协同发展研究综述［J］．系统工程，12：115-121．

后　记

　　本书是在我的博士论文的基础上，经过进一步修改、完善而成的。

　　本书的完成，不仅有我自己的努力，也凝结着导师的心血。我的导师孙敬水教授，不仅在学业上帮助我、指导我，也教会我许多为人处世的道理。在学术上，他严谨踏实、精益求精；在生活中，他平易随和、微笑待人。孙老师乐观豁达的性格、对生活的热情也深深地感染了我。每当我学习、工作、生活中遇到难处，孙老师总是毫不犹豫地帮助我。师恩重如山，应一生感念。同时，也感谢浙江大学出版社编辑部老师的热情帮助。

　　作为浙江省哲学社会科学规划项目的部分研究成果，本书得到了浙江省一流学科工商管理、杭州市重点学科国际贸易学、杭州市哲学社会科学重点研究基地"企业社会责任与可持续发展研究中心"的资助。

　　本书虽然完成了，学术之路还要继续。本书对协同性的研究尚处于初步阶段，论文中有诸多不足之处，协同性测度与预警等方面都有待深入。在今后的学术道路上，我会勤奋不辍，继续探索和研究经济系统的协同性和经济预警。

图书在版编目(CIP)数据

基于国际竞争力视角的现代流通业与先进制造业协同性研究 / 孙金秀著. —杭州:浙江大学出版社,2020.3(2021.3重印)

ISBN 978-7-308-19741-0

Ⅰ.①基… Ⅱ.①孙… Ⅲ.①流通业－国际竞争力－研究－中国②制造工业－国际竞争力－研究－中国 Ⅳ.①F724②F426.4

中国版本图书馆 CIP 数据核字(2019)第 258273 号

基于国际竞争力视角的现代流通业与先进制造业协同性研究

孙金秀　著

策划编辑	田　华
责任编辑	丁沛岚
责任校对	陈　翩
封面设计	项梦怡
出版发行	浙江大学出版社
	(杭州市天目山路 148 号　邮政编码 310007)
	(网址:http://www.zjupress.com)
排　　版	浙江时代出版服务有限公司
印　　刷	广东虎彩云印刷有限公司绍兴分公司
开　　本	710mm×1000mm　1/16
印　　张	12.5
字　　数	217 千
版 印 次	2020 年 3 月第 1 版　2021 年 3 月第 2 次印刷
书　　号	ISBN 978-7-308-19741-0
定　　价	48.00 元